G. BRUTTEL | D. KREZDORN
R. LÖBE | E. SCHULTHEISS

Sigmaringen

Residenzstadt im romantischen Donautal

G. BRUTTEL | D. KREZDORN
R. LÖBE | E. SCHULTHEISS

Sigmaringen

Residenzstadt im romantischen Donautal

GMEINER

Mit freundlicher Unterstützung von:

Immobilienunternehmen des VdK
GSW
wohnen · bauen · leben

Stadtwerke Sigmaringen

Besuchen Sie uns im Internet:
www.gmeiner-verlag.de

Im Ehnried 5, 88605 Meßkirch
Telefon 07575/2095-0
info@gmeiner-verlag.de

1. Auflage 2013

Fotos: Reiner Löbe, Erwin Schultheiß
Texte: Daniela Krezdorn, Günter Bruttel
Übersetzung: Brigitta Kunz, Sheila Pfeffer (Englisch), Monique Seeger (Französisch)
Korrektorat: Anja Sandmann
Herstellung / Layout: Matthias Schatz
Vorsatz: Sigmaringen vom Josefsberg aus, rechts der neuangelegte Karlsplatz mit Altem und Neuem Prinzenbau, wohl Gouache auf lithografischer Zeichnung von J. Eggli, um 1847 (Vorlage: Günter Bruttel)
Nachsatz: Sigmaringen, nach der Natur gezeichnet und lithografiert von Emminger, um 1875 (Vorlage: Günter Bruttel)
Druck: AZ Druck und Datentechnik GmbH, Kempten
Printed in Germany
ISBN 978-3-8392-1410-7

Inhaltsverzeichnis /// Table of contents /// Table des matières

Sigmaringen /// Leben und Erleben /// Live and discover /// Vivre et découvrir

Grußwort des Bürgermeisters

Liebe Leserin, lieber Leser,

Sie halten den neuen Bildband über Sigmaringen und seine Teilorte in den Händen. Reich bebildert und mit informativen Texten versehen, zeigt er die vielfältige Schönheit der Kreisstadt an der jungen Donau. Dominant auf einem Donaufelsen ruhend das Schloss der Hohenzollern, etwas versetzt der Kirchturm von St. Johann und den beiden Gebäuden zu Füßen liegend das kompakte Innenstädtchen. So prägt sich die ehemalige Residenzstadt Sigmaringen den Menschen ein. Wunderschöne Bauten wie der Prinzenbau, in dem das heutige Stadt- und Staatsarchiv untergebracht ist, der Hofgarten oder die Josefskapelle zeugen davon, dass die Fürstenfamilie von Hohenzollern seit vielen Jahrhunderten die Geschichte Sigmaringens prägten und prägen.

Dass sich Moderne und Historie ideal verbinden können, wird im Bildband genauso deutlich. Das Rathaus mit dem 2004 realisierten Neubau oder die vollständig sanierte Stadthalle mit ihrem modernen Anbau sind Zeugnisse des kontinuierlichen Veränderungs- und Gestaltungswillens der gesamten Sigmaringer Bevölkerung.

Hauptziel dieses Bildbandes ist jedoch, nicht nur die Prachtbauten zu präsentieren, sondern den Blick auf so manch weniger bekannte Sehenswürdigkeit in Sigmaringen und den lebendigen Ortsteilen zu lenken. Wer den Höhenweg rund um die Stadt Sigmaringen nimmt, wird durch die freigelegten Sichtachsen die städteplanerische Architektur der Kernstadt oder die Investitionen in die Zukunft im Rahmen der Gartenschau Sigmaringen 2013 erkennen.

Der Bildband Sigmaringen ist ein idealer Wegbegleiter für alle Altersgruppen und für alle Menschen, egal ob Sie in Sigmaringen oder den Ortsteilen Gutenstein, Jungnau, Laiz, Ober- oder Unterschmeien wohnen, ob Sie ›Heimweh-Sigmaringer‹ sind oder als Touristen Sigmaringen zum Ausgangspunkt vieler eigener Entdeckungen im jungen Donautal, im Schmeie- oder Laucherttal nutzen. Sigmaringen lässt sich nämlich mit dem Fahrrad, zu Fuß, mit dem Kanu, dem Bus, dem Auto oder Motorrad, ja selbst mit dem Zug individuell entdecken.

Ich bedanke mich beim Sigmaringer Gemeinderat, aus dessen Kreis die Initiative zu diesem Bildband kam, beim Gmeiner-Verlag und seinen Mitarbeitenden für die sorgfältige und qualitätsvolle Arbeit sowie die angenehme Zusammenarbeit.

Ihnen wünsche ich eine anregende Lektüre, die so manche Erinnerung wecken oder Lust auf das Residenzstädtchen Sigmaringen machen soll.

Thomas Schärer, im Frühjahr 2013
Bürgermeister

Words of Welcome from the Mayor

Dear Readers,

You have the new illustrated book of Sigmaringen and its boroughs before you. The richly illustrated book with its informative texts shows the manifold beauty of the district town on the banks of the young Danube. High upon a cliff in a dominant spot the castle of Hohenzollern, somewhat further back the church tower of St Johann (St John) – at the foot of them both lies the appealing town centre. In this way the former Princes' capital leaves a lasting impression upon its visitors. Wonderful buildings like the Prinzenbau (Princes' Palace), where today the town's and state archive are located, the Hofgarten (Court Garden) or the Josefskapelle (St Joseph's Chapel) are evidence of the fact that the Hohenzollern family influenced and still influences the history of Sigmaringen.

Similarly the illustrated book blends history with modern times in an ideal way. The newly built Town Hall of 2004 or the completely redeveloped Civic Centre with its modern annex are proof of the on-going motivation of the people of Sigmaringen for change and innovation.

The main objective of this book is not only to present the prestigious buildings but also to draw attention to the lesser-known sites of Sigmaringen and its lively boroughs. If you take the panoramic trail around Sigmaringen, you'll notice the well-planned architecture of the town, which can now be seen more clearly due to the newly revealed vistas. You'll become aware of the amount of investments for the future, triggered by preparations for the Horticultural Show in Sigmaringen in 2013.

The illustrated book of Sigmaringen is an ideal companion for all age groups and all people, whether they live in Sigmaringen, or in the boroughs of Gutenstein, Jungnau, Laiz, Ober- or Unterschmeien, whether they are former citizens of Sigmaringen or tourists who use the town as a base for personal explorations in the young Danube Valley or in the Schmeie or Lauchert Valley. Sigmaringen can be explored individually, either by bike, on foot, with the canoe, by bus, or car or motorbike and by train.

I want to thank the Town Council of Sigmaringen whose incentive it was to compile this book and also the Gmeiner Publishing House and its colleagues for their thorough and excellent work, as well as their friendly cooperation.

I wish you all inspiring and interesting reading which may refresh some memories or whet your appetite for a visit to the residence town of Sigmaringen.

Thomas Schärer, Spring 2013
Mayor

Mots de bienvenue du Maire

Chers lectrices, chers lecteurs,

vous tenez dans vos mains ce nouveau livre sur Sigmaringen et ses communes. Richement illustré et recélant nombre de textes informatifs, il révèle la beauté aux multiples facettes de ce chef-lieu situé au bord du jeune Danube. Trônant sur un éperon rocheux, le château de Hohenzollern; légèrement décalé, le clocher de l'église St Johann et aux pieds de ces deux édifices, le centre compact de la petite ville: c'est cette image de l'ancienne ville de résidence de Sigmaringen qui reste gravée dans la mémoire. De magnifiques édifices comme le «Prinzenbau» qui abrite les archives municipales et nationales, le «Hofgarten» ou la «Josefskapelle» témoignent de l'influence qu'a exercée depuis de nombreux siècles et qu'exerce encore aujourd'hui la famille princière de Hohenzollern.

Qu'il soit possible de marier heureusement le moderne et l'ancien ressort clairement de cet ouvrage. La mairie flanquée de sa nouvelle construction réalisée en 2004 ou la «Stadthalle» (salle polyvalente) entièrement rénovée et agrandie par une extension moderne attestent de la volonté constante de changement et d'aménagement de toute la population de Sigmaringen.

Cependant cet ouvrage ne vise pas seulement à présenter les édifices les plus prestigieux de la ville mais aussi à attirer l'attention sur les sites touristiques moins connus et sur les communes dynamiques rattachées à la ville. Celui qui fait le tour de Sigmaringen en empruntant le chemin panoramique reconnaît, grâce au dégagement des perspectives sur la ville, le plan architectural et urbaniste du centre historique et les investissements dans l'avenir réalisés dans le cadre des Floralies de 2013.

Ce livre illustré sur Sigmaringen est un compagnon idéal pour tous, quel que soit leur âge, qu'ils soient de Sigmaringen ou des communes de Gutenstein, Jungnau, Laiz, Oberschmeien ou Unterschmeien, des nostalgiques de la ville ou des touristes curieux de parcourir à partir de Sigmaringen les vallées du jeune Danube, de la Schmeie ou de la Lauchert. Car la découverte toute personnelle de Sigmaringen peut se faire de toutes les façons possibles, à vélo, à pied, en canoë, en auto ou en moto, et même en train.

Je tiens à remercier le conseil municipal de Sigmaringen au sein duquel est née l'initiative de ce livre, la maison d'édition Gmeiner et son équipe pour le travail soigné, de grande qualité, et pour son agréable collaboration.

Je vous souhaite une lecture stimulante qui vous rappellera certains souvenirs ou vous donnera envie de découvrir la ville de résidence de Sigmaringen.

Thomas Schärer, au printemps 2013
Maire

Sigmaringen /// Leben und Erleben /// Live and discover /// Vivre et découvrir

Die Entwicklung der Stadt Sigmaringen

Gründung

Sigmaringen, donauauf- und donauabwärts, ist altbesiedelter Boden. Das belegen Funde seit der Altsteinzeit. Im 11. Jahrhundert baute ein Hochadelsgeschlecht aus Sigmaringendorf auf dem steil zur Donau abfallenden Weißjurafelsen, strategisch günstig gelegen, eine Burg. In der Folge übertrug es den Namen Sigmaringen auf Festung und Marktflecken, in dem sich zunächst Dienstleute des Burgherren und Handwerker ansiedelten.

Erste Erwähnung

In der Zeit des Investiturstreits (1075–1122) wurde 1077 die Burg zum ersten Mal erwähnt. Der Konflikt über das Recht Bischöfe einzusetzen führte Kaiser und Papst zum Entscheidungskampf zwischen Staat und Kirche. Heinrich IV. musste vor der Burg Canossa um die Aufhebung seines Kirchenbannes bitten, die der Papst gewährte. Dennoch wurde in Deutschland der Gegenkönig Rudolf von Rheinfelden gewählt. In dem folgenden Krieg belagerte Rudolf die Burg Sigmaringen und wurde von Heinrich vertrieben. Dies war der Grund der Nennung der Burg, die in der Chronik von Petershausen *sigimaringin* bezeichnet wird.

Stadtentwicklung und -erweiterung bis 1600

Die Lage der Stadt – verteidigungstaktisch günstig, wirtschaftsgeografisch ungünstig – hat die Entwicklung bis in die heutige Zeit beeinflusst. Handel und Gewerbe konnten weniger florieren. Geprägt wurde der Ort von der jeweiligen Herrschaft. Das waren unter anderem die Grafen von Spitzenberg-Helfenstein, später die Grafen von Montfort-Bregenz. Diese verkauften den Besitz circa 1287 an die Habsburger. Habsburg verpfändete an Württemberg und Württemberg wiederum an die Grafen von Werdenberg. Nach dem Aussterben der Werdenberger gingen Stadt und Grafschaft 1535 an die Hohenzollern. Bis 1806 blieb Sigmaringen österreichisches Lehen. Nach der Belehnung an die Hohenzollern bis zum Ende des Alten Reichs war man sich nicht einig, wer als Landesherr über die Grafschaft anzusehen war. Ein Umstand, der es der Stadt ermöglichte, immer wieder die zollerischen Stadtherren als Lehnsvasallen und Österreich als Lehnsherr gegeneinander aufzubringen und Vorteile daraus zu ziehen.

Wann Sigmaringen zur Stadt erhoben wurde und warum ein goldener Hirsch auf rotem Grund mit sechsstrahligem Stern das Stadtwappen ziert, ist mit letzter Sicherheit nicht geklärt. In den Quellen von 1287 wird Sigmaringen bereits als Stadt genannt. Man vermutet, dass bei der Erhebung zur Stadt ein Herr von Hirschberg auf der Burg residierte. Der Stern mag an die Habsburger erinnern.

1287 zählte die Siedlung unterhalb der Burg an der heutigen Fürst-Wilhelm-Straße auf jeder Seite 12 Häuser. Umfasst wurden sie durch eine Stadtmauer an der Südseite und von zwei Stadttoren, das Schmiedtor auf der Höhe des Fidelishauses, das Mühltor auf der Höhe des Meinrad-von-Au-Hauses (Sutor).

Typisch für die aus einer Burgsiedlung entstandenen Städte war der Zuzug der Bewohner der umliegenden Dörfer. Diese verwaisten oder blieben als Kloster bestehen: so zum Beispiel Hedingen, Gorheim und Brenzkofen. Typisch auch für solche Gründungen, dass Sigmaringen keine eigene Pfarrei hatte. Es gehörte zur Gemeinde des älteren Dorfes

Laiz. In der Stadt ist lediglich die Johannes-Evangelista Burgkapelle (heute St. Johann) von 1247 belegt. Erst als 1480 der Pfarrer von Laiz seinen Sitz nach Sigmaringen verlegte, wurde Laiz zum Filial.

Ein erstes autonomes Stadtrecht, für das ein Rat von Bürgern verantwortlich war, ist 1350 bezeugt. Ein Spital ist 1426 erwähnt. Ein von der Bürgerschaft gewählter Schultheiß wird ab 1460 genannt. Er residierte bereits in seinem eigenen Rathaus (1454). Einen Schulmeister gab es 1483, ein Schulhaus 1578. Wohl um 1600 vollzieht sich die erste Stadterweiterung seit der Gründung. Es entstehen die heutige Schwab- und Fidelisstraße, das Schmiedtor (jetzt Laizertor) wird auf die Höhe des Hoftheaters verlegt, der Runde Turm gebaut. Die Stadtmauer verlief entlang der Antonstraße. Zwei Vorstädte sind zu dieser Zeit bereits nachweisbar: die Laizer Vorstadt im Bereich Burgstraße und östlich die Mühlenvorstadt unterhalb des Schlosses an der Donau. Die Werdenberger errichteten die Johannes-Kapelle neu und bauten die Burg zum Schloss aus. Das Repräsentationsbedürfnis hatte nun Vorrang vor dem Verteidigungscharakter. Dies sind alles Belege für einen gewissen Ausbau der Stadt.

Die Einwohner setzten sich zusammen aus Bürgern, Hofbeamten, Hofbediensteten, Geistlichen, Knechten und Hintersassen (vom Grundherren abhängige Bauern). Die Bürgerschaft profitierte von den Aufträgen des Hofes. Meist waren es Handwerker und gezwungen, nebenbei Landwirtschaft zu betreiben. Ein deutlicher wirtschaftlicher Aufschwung war durch die Lage abseits der Handelswege nicht möglich.

Die Hohenzollern

Nach Aussterben der Werdenberger belehnte Österreich 1535 die Grafen von Hohenzollern mit den Grafschaften Sigmaringen und Veringen. Stammsitz der Familie war die Burg bei Hechingen, Stammsitz aller Hohenzollern, auch derer, die später das deutsche Kaiserhaus stellten. Sigmaringen wurde, von wenigen Ausnahmen abgesehen, Residenzstadt. Wenngleich der Souverän sich hier nicht dauernd aufhielt, verblieben die Hofbehörden und die Verwaltung des Landes am Ort.

Der Dreißigjährige Krieg (1618–1648) und die Pest trafen Sigmaringen hart. Die Schweden brannten 1633 Teile des Schlosses nieder und verwüsteten die Stadt. Die Bürger flohen. Dies und die Seuche von 1634 dezimierte die Bevölkerung von 167 steuerpflichtigen Personen auf 85.

In die Zeit nach dem Dreißigjährigen Krieg reicht Sigmaringens Fasnetsbrauch zurück, der auch heute noch den Höhepunkt des närrischen Treibens darstellt: das historische Bräuteln, das erstmals in dieser Form 1723 urkundlich erwähnt wurde. Man erzählt, dass nach dem Dreißigjährigen Krieg die Not in der Stadt so groß war, dass den jungen Männern sogar die Lust zum Heiraten fehlte. Der erste, der sich getraut hatte, sei von seinen Kameraden an der Fastnacht mit Trommeln und Pfeifen auf einer Stange um den Brunnen auf dem Marktplatz getragen worden. Eher geht der weitaus ältere Brauch auf das Gesellenbaden zurück, das Ende des 16. Jahrhunderts genannt und 1672 von Fürst Meinrad verboten wurde. Heute noch werden grüne, silberne, goldene und sogar diamantene Hochzeiter sowie neu Zugezogene am Fasnetsdienstag um den Brunnen vor dem Alten Rathaus getragen. Sie werfen aus ihren Körben Gebäck, Würste und Süßigkeiten in die Menge.

Die Frühe Neuzeit (circa 1490 bis 1800) war geprägt von zahlreichen Auseinandersetzungen zwischen den Hohenzollern und den Bürgern, die zumeist von den österreichischen Behörden unterstützt wurden. Versuche, die Stadt wirtschaftlich durch Wochen- und Jahrmärkte anzukurbeln, scheiterten. Landwirtschaft und Handwerk betrieb man nur für den Hof oder den Eigenbedarf. Es führten vor allem verheerende Überschwemmungen und Abgaben an die österreichischen Lehnsherren zur finanziellen Katastrophe.

Ende des 18. Jahrhunderts war die Stadt überschuldet. Dennoch brachte dieses Jahrhundert zwei Kleinodien zuwege. Es entstanden die barocken Bauten der Josefskapelle und der Stadtpfarrkirche St. Johann mit ausgewählten Künstlern wie Meinrad von Au, Johann Martin Ilg oder Johann Michael Feichtmayr. Die Heiligsprechung (1746) des in Sigmaringen im Gasthaus Traube als Markus Roy geborenen Juristen und Kapuzinermönches Fidelis, der während der Gegenreformation den Märtyrertod in Seewies in der Schweiz erlitten hatte, gab den Anlass für deren Erweiterung und Neugestaltung im süddeutschen Rokokostil.

Hauptstadt und Regierungssitz

Mit der Niederlegung der Reichskrone durch Kaiser Franz II. erlosch 1806 das Heilige Römische Reich Deutscher Nation, das sogenannte Alte Reich. Eine Folge der Napoleonischen Kriege und der daraus resultierenden Entwicklungen.

Durch die persönliche Verbindung der Fürstin Amalie Zephyrine (1760–1841) zum französischen Hof sowie eine geschickte Verhandlungspolitik des Fürsten Anton Aloys (1762–1831) und die preußische Fürsprache gelang es den Hohenzollern, die Souveränität zu erlangen. Sigmaringen wurde Hauptstadt und Regierungssitz eines Kleinstaates mit sämtlichen Landesbehörden.

Um 1810 zählte die Stadt 1201 Einwohner, 165 bürgerliche sowie 16 herrschaftliche Gebäude. Dennoch hatte sie den Charakter einer Ackerbürgerstadt.

Das durch Säkularisierung (Enteignung kirchlichen Eigentums und Überführung in den weltlichen Besitz) und Mediatisierung (weltliches, nur dem Kaiser unterstelltes Gebiet wird einem Landesherren überführt) angewachsene Hohenzollernland wurde durch die Fürsten ausgebaut: das Schloss, der Hofgarten, die Stadt, Tore und Mauer verschwanden, der dritte Rathausneubau wurde in Angriff genommen und dadurch der Marktplatz vergrößert, das Straßennetz gebaut und erweitert.

Fürst Karl (1785–1853) ermöglichte durch einen Gesamtbebauungsplan und die Bewilligung jährlicher Mittel einen planmäßigen Stadtausbau. Die Trennung der Landes- von den Hofbehörden erforderte den Aufbau eines Verwaltungsviertels. Er ließ den Karlsplatz (heute Leopoldplatz) anlegen, umrahmt vom Alten und Neuen Prinzenbau, dem Ständehaus und repräsentativen Privatbauten. Eine Straße vom Karlsplatz nach Hedingen, die Karlstraße, wurde ausgebaut, mit Hofkammer, Regierung, Oberamt, Forst- und Rentamt.

Am Karlsplatz, Ecke Antonstraße, wurde ein großer Sohn der Stadt geboren: Theodor Bilharz (1825–1862). Der Arzt und Forscher ist der Entdecker des Erregers der Blutharnruhr (Schistosomiasis), die heute unter dem Namen Bilharziose auf der ganzen Welt bekannt ist.

Eine zweite Bauphase folgte durch Fürst Karl Anton (1811–1885) mit weiteren Behörden, aber auch Privat- und Beamtenhäusern. Im Volksmund heißt die Karlstraße die ›Zylindergasse‹. Diese Bezeichnung könnte entweder auf die vielen mit Zylindern ausgestatteten Beamten oder aber auf die über die Karlstraße zum Hedinger Friedhof sich bewegenden Trauerzüge zurückzuführen sein, bei denen ehedem der Zylinder zur festen Ausstattung gehörte. Ihren Abschluss bildete die Ende des 19. Jahrhunderts in ihrem heutigen Aussehen erweiterte Hedinger Kirche, die als Grablege der fürstlichen Familie dient.

Infrastruktur

Gleichzeitig wurde die allgemeine Schulpflicht eingeführt sowie im Kloster in Hedingen eine Lateinschule eingerichtet, die zum Gymnasium erweitert und der später eine Realschule angegliedert wurde. Fürstliche Stiftungen und bürgerschaftliche Spenden ermöglichten den Bau des Fürst-Karl-Landeskrankenhauses. Fürst Karl belebte die Wirtschaft durch die Gründung der Spar- und Leihkasse, heute Hohenzollerische Landesbank Kreissparkasse.

Kulturelles Leben regte sich zusehends. Die gesellschaftliche Oberschicht sowie die mittelständische Bürgerschaft gründeten jeweils eine Lesegesellschaft. Das Theaterleben erfuhr einen Aufschwung mit dem Bau des vom Fürstenhaus finanzierten und unterhaltenen Hoftheaters. Durch die Entstehung weiterer Vereine wie zum Beispiel der Schützengesellschaft, des Gesangvereins Frohsinn, der Turngemeinde Sigmaringen wurde die bürgerliche Gemeinschaft während des beginnenden 19. Jahrhunderts stark gefördert.

Fürst Anton Aloys erließ 1810 eine für alle Städte des Fürstentums geltende Stadtordnung, die die Bürger in ihren Selbstverwaltungsrechten beschnitt. Die Staatsverfassung von 1833 und weitere Konzessionen gegenüber der Bürgerschaft änderten nichts an dem eher patriarchalisch geführten Kleinstaat. Die Wirren der 1848/49er-Revolution machten auch vor den Toren Sigmaringens nicht Halt. Die Opposition in der Bevölkerung führte dazu, dass Fürst Karl Anton 1849 per Staatsvertrag die Souveränität an die preußischen ›Vettern‹ in Berlin abgab. Für nahezu 100 Jahre wurden die Fürstentümer Hohenzollern-Sigmaringen und Hohenzollern-Hechingen als ›Hohenzollernsche Lande‹ zum südlichsten preußischen Regierungsbezirk zusammengefasst. Fürst Karl Anton verließ die Stadt. Er trat in preußische Dienste und war als Ministerpräsident ein Vorgänger Bismarcks. Erst 1871 kehrte die fürstliche Familie nach Sigmaringen zurück.

Preußische Regierung in Sigmaringen

Sitz der preußischen Regierung, die direkt den Ministerien in Berlin unterstand, war Sigmaringen, mit Ausnahme der Kirchen-, Schul-, Medizinal- und Bergangelegenheiten, die den Provinzbehörden der Rheinprovinz zugeordnet wurden.

Es erfolgte die Reorganisation von Verwaltung und Justiz. 1873 wurden staatliche Aufgaben (z.B. Armen-, Straßenwesen, Kultur-, Wirtschaftspflege, Hohenzollerische Landesbank) zur Selbstverwaltung übertragen: der Hohenzollerische Landeskommunalverband mit Kommunallandtag und Landesausschuss fand ab 1891 im Landeshaus in der Antonstraße seine Heimat.

Die preußischen Behörden richteten sich in den ehemaligen fürstlichen Gebäuden und im Ständehaus ein. Sigmaringen entwickelte sich zur Beamten- und Behördenstadt.

Die preußischen Beamten und ihre Familien bildeten eine evangelische Gemeinde, die 1853 einen Pfarrer erhielt. Kurz darauf wurde die evangelische Pfarrei eingerichtet, ein Gotteshaus und Pfarrhaus nach den Plänen von August Stüler erbaut und 1862 eingeweiht. Stüler schuf zeitgleich die Hohenzollernburg bei Hechingen.

Basis für den Ruf als Schulstadt bildeten die Gründungen zweier Privatmädchenschulen, des Erzbischöflichen Knabenseminars und des Waisenhauses Nazareth mit einer Volksschule durch die Privatinitiative des Pfarrers Thomas Geiselhart (1811–1891). Die Schwestern der Christlichen Liebe eröffneten eine Höhere Töchterschule, aus der die heutige Liebfrauenschule hervorging. Es gab sogar eine evangelische Volksschule, eine evangelische Privattöchterschule und eine Haushaltungsschule. Die Handwerkerfortbildungsschule und die Ackerbauschule sollten als eine Art Berufsschule die Wirtschaft ankurbeln.

Im Kloster Gorheim wurde von den Franziskanern 1894 (bis 1967) die theologisch-philosophische Fakultät der Thüringischen Ordensprovinz eingerichtet.

1865 schloss Preußen mit Württemberg und Baden einen Staatsvertag über den Anschluss an deren Eisenbahnnetze. Zuerst von Ulm über Scheer nach Sigmaringen, dann nach Tübingen über Balingen und Hechingen und zum Schluss über das Donautal nach Tuttlingen sowie eine Strecke nach Meßkirch. 1899 wurde die ›Actiengesellschaft Hohenzollern'sche Kleinbahngesellschaft‹ gegründet, um durch Kleinbahnstrecken das Gebiet noch engmaschiger erschließen zu können. Die Badische Eisenbahnverwaltung war in Sigmaringen vertreten. In deren Räumlichkeiten befand sich auch ein Wartesaal für die Reisenden nach Baden. Zwei Bahnhöfe gab es in der Stadt: einen Hohenzollerischen und einen Württembergischen. Nur der Württembergische hat überdauert. Es ist der heutige Bahnhof.

Ein reges Hofleben entwickelte sich erst nach Rückkehr der fürstlichen Familie (1871). Besuche des europäischen Hochadels, sogar des Kaisers, bildeten die Höhepunkte.
Der verheerende Schlossbrand von 1893 zerstörte den Ostteil. Beim Verlegen elektrischer Leitungen war ein Schwelbrand entstanden, der zu spät entdeckt wurde. Dieser musste mit einer zum Schloss reichenden Eimerkette von der Donau her gelöscht werden. Der Wiederaufbau begann und bald schon erstrahlte das Schloss im neuen, heutigen Glanz.

1900 erließ Preußen eine eigene Gemeindeordnung. Eine Gemeindevertretung, bestehend aus 12 bis 15 Stadtverordneten, wählte den Bürgermeister, den ersten Beigeordneten und fünf Stadträte. Der Regierungspräsident als staatliche Aufsichtsbehörde hatte alle zu bestätigen und zu vereidigen. Das allgemeine gleiche Wahlrecht wurde erst in der Weimarer Republik eingeführt.

1910 zählte Sigmaringen rund 4880 Einwohner. Die Erweiterung erfolgte jeweils in Richtung der Nachbargemeinden: nach Krauchenwies waren dies die Friedhof-, Josef- und Josefinenstraße, nach Bingen und Sigmaringendorf die Au, teilweise das Hanfertal und die östliche Mühlbergstraße, nach Jungnau Brenzkofen, Brunnenberg, Leopold- und Gorheimer Straße. 1922 wurden die Wilhelmshöhe beim Josefsberg und das Hohkreuz bebaut.

Die Zeit zwischen den zwei Weltkriegen

Nach dem Eersten Weltkrieg war nur kurze Zeit ein Soldatenrat an der Verwaltung beteiligt. Die Residenzstadt blieb eine von der Zentrumspartei und dem Fürstenhaus geprägte Stadt. Der Fürst forderte trotz der Weimarer Verfassung und des neuen Adelsgesetzes die Sonderstellung, die er bis dahin innegehabt hatte. Das führte zu erheblichen Irritationen mit den republikanischen Regierungspräsidenten Emil Belzer und Alfons Scherer. Die Mehrheit der Bevölkerung stand aufseiten des Adels, emotional gebunden, aber vor allem auch wirtschaftlich abhängig.

Das nationalsozialistische Gleichschaltungsgesetz beendete 1933 die Selbstverwaltung auch der Stadt Sigmaringen. Sozialdemokraten und Kommunisten wurden verhaftet. Der Landeskommunalverband, die Museumsgesellschaft und der Arbeiterbildungsverein verschwanden. Nationalsozialistische Organisationen bildeten sich.

Der Zweite Weltkrieg

Während des Krieges blieb Sigmaringen von Zerstörungen weitgehend verschont. Die Stadt bot Schwerstverletzten in eigens eingerichteten Lazaretten und zahlreichen Bombenflüchtlingen Schutz.

Von September 1944 bis April 1945 war Sigmaringen Regierungssitz Frankreichs. Diese Kapriole der Geschichte resultierte aus der Unterbringung der mit Hitler kollaborierenden französischen Vichy-Regierung in Stadt und Schloss. Es gab eine französische Exilzeitung, einen Radiosender und drei Botschaften: eine deutsche, eine italienische und eine japanische. Weitere französische Flüchtlinge ließen die Bevölkerungszahl auf das Doppelte ansteigen. Das brachte die Stadt in den letzen Kriegsmonaten in große Bedrängnis.

Das Schloss war mit allen beweglichen und unbeweglichen Teilen beschlagnahmt worden. Die fürstliche Familie, die das Schloss zu verlassen hatte, wurde für zwei Monate in Schutzhaft genommen und im Stauffenberg-Schloss in Wilflingen interniert.

Nach dem Zweiten Weltkrieg

Nach dem Zusammenbruch 1945 ›residierte‹ die französische Militärregierung bis Anfang der 50er-Jahre auf Schloss Sigmaringen. Preußen existierte nicht mehr. 1947 wurden die Hohenzollernschen Lande in der französischen Besatzungszone dem Land Württemberg-Hohenzollern zugeordnet mit Sitz des Landtags im Kloster Bebenhausen und Tübingen als Landeshauptstadt.

Als Selbstverwaltungskörperschaft richtete man 1950 den Landeskommunalverband der Hohenzollerischen Lande in Sigmaringen (Landeshaus) wieder ein. Dieser wurde erst zum 1.1.1973 aufgelöst.

1952 gingen Land und Name Hohenzollern auf der politischen Landkarte endgültig verloren, als Württemberg-Hohenzollern in das Bundesland Baden-Württemberg integriert wurde.

Sigmaringen hatte sich um den Sitz des Regierungspräsidiums des Bezirkes Südwürttemberg-Hohenzollern vergeblich bemüht. Es wurde mit bedeutenden staatlichen Einrichtungen entschädigt: mit dem Verwaltungsgericht, der Chemischen Landsuntersuchungsanstalt und dem Staatsarchiv. Im Laufe der Jahrzehnte wuchs die Bevölkerung deutlich an. Topografisch dehnte man sich jetzt auf die Höhen aus: zum Beispiel Hanfertal, Dettinger Berg, Riedbaum, Schönenberg, Wentel, Hohe Tannen, Im Muckentäle, Am Känzele sowie in jüngster Zeit Schafswiese und Ziegelesch.

Eine weitere Aufwertung erfuhr die Stadt 1957 durch den Bau der Graf-Stauffenberg-Kaserne mit Sitz des Divisionsstabs der 10. Panzerdivision.

Anfang der 1970er-Jahre stärkten die Kreis- und Gemeindereform die Stellung Sigmaringens. Es blieb Sitz der Kreisverwaltung. Die Orte Laiz, Jungnau, Gutenstein sowie Ober- und Unterschmeien wurden eingemeindet.

1974 bis 1979 wurde das Kreiskrankenhaus errichtet. Seniorenwohnanlagen, Jugendhilfe- und caritative Einrichtungen unterstreichen die soziale Infrastruktur.

Sigmaringen entwickelte sich zu einem bedeutenden Schulstandort: neben Grund-, Haupt- und Realschulen sowie Gymnasien gibt es verschiedene schulische und vorschulische Einrichtungen für Kinder mit besonderem Förderungsbedarf. Dazu kommen berufliche Schulen. 1971 wurde Sigmaringen mit der Hochschule Albstadt-Sigmaringen zum Hochschulstandort. Seit 1972 existiert das Bildungszentrum Sigmaringen der Bundesfinanzverwaltung, seit 1974 eine private Modefachschule, seit 1979 das Bildungszentrum der Erzdiözese Freiburg mit seinem Bildungswerk und seiner Jugendkunstschule, seit 1979 das Ausbildungszentrum Bau mit angegliedertem Wohnheim.

Sigmaringen verfügt über eine Stadtbibliothek und eine Musikschule. Kulturell wird es zudem unterstützt von den Ateliers im Alten Schlachthof und der Gesellschaft für Kunst und Kultur e.V.

Kirchlich getragen wird die Stadt von der katholischen Seelsorgeeinheit Sigmaringen, die dem Dekanat Sigmaringen-Meßkirch mit Sitz im Kloster Gorheim unterstellt ist. Einen besonderen Festtag feiern die Sigmaringer, um ihren Stadtpatron, den hl. Fidelis, zu ehren. Alljährlich finden ein Gottesdienst und eine Lichterprozession zu seinem Gedenken an dessen Todestag, dem 24. April, statt. Hohe geistliche Würdenträger wie zum Beispiel Kardinal Karl Lehmann oder Erzbischof Robert Zollitsch ließen es sich nicht nehmen, die Predigten zu halten. Nach der Prozession öffnet die Hohenzollernfamilie – Fidelis ist auch Patron der Familie – das Schloss und lädt zu einem Empfang in die Portugiesische Galerie ein.

Auf protestantischer Seite gibt es die Evangelische Kirchengemeinde Sigmaringen, die 1853 gegründet wurde, und die Militärkirchengemeinde mit ihrer Kreuzkirche. Ein Zusammenschluss dieser Gemeinden wird angestrebt.

Die bedrohlichen Donauüberschwemmungen konnten durch die Verlegung des Flusses 1974 weitgehend beseitigt werden. Dadurch wurden die Erweiterung des Stadtkerns und der Bau von Umgehungsstraßen möglich.

Sigmaringen in jüngster Zeit

Auch heute im 21. Jahrhundert lässt sich deutlich die Struktur der früheren Jahrhunderte erkennen. Das Bürgerstädtchen siedelte um das Schloss. Den mittelalterlichen Charakter entdeckt man in der Fürst-Wilhelm-Straße, während er in der Schwabstraße durch zahlreiche Bausünden verloren ging. Dagegen: die ehemalige Residenz am Leopoldplatz und die historischen Bauten entlang der Karlstraße.

Die Altstadtsanierung und der Bau des neuen Rathauses 2004 neben und verbunden mit dem Alten Rathaus veränderten das Bild der Innenstadt.

Am 26.10.2011 hat Bundesverteidigungsminister Thomas de Maizière die Verlegung des Bundeswehrstandortes und die Schließung der Kaserne angeordnet. Es wird wohl Jahre dauern, bis eine erfolgreiche Konversion erzielt werden kann.

2012 zählte Sigmaringen mit den Teilgemeinden 16 580 Einwohner. Das ehemalige Fürst-Karl-Landeskrankenhaus, heute Landratsamt, erhält einen Neubau als Erweiterung. Stagnierten früher Tourismus und die Ansiedlung von Gewerbe und Industrie, ist doch inzwischen deutlich eine Verbesserung erzielt worden.

Das Mattes-Zündapp-Museum, Wechselausstellungen im Schlossmuseum und im Runden Turm, die Eisbahn auf dem Marktplatz, das Stadt- und das Promenadenfest, Sonderführungen in der Stadt und im Schloss, der Sigmaringer Kulturherbst und die Veranstaltungen in der sanierten und erweiterten Stadthalle erhöhen in jüngster Zeit die touristische Attraktivität. In diesem Zusammenhang muss auch die Einrichtung des Naturparks Obere Donau genannt werden. Unter dem Aspekt der naturverträglichen Nutzung werden Erholungsaktivitäten wie Wandern, Radwandern, Klettern, Kanu- und Bootfahren sowie Skilanglauf angeboten.

Handel und Gewerbe sind sehr rührig. Die Stadtinitiative sorgt nachhaltig mit vielerlei Aktivitäten für eine attraktive Präsentation. In den Gewerbegebieten Wachtelhau, Am Schönenberg und in Laiz sind bis in jüngste Zeit mehrere mittelständische Unternehmen entstanden, die mit ihrer speziellen Produktpalette auf dem globalen Markt erfolgreich vertreten sind.

Die Gartenschau von 2013 löste im Vorfeld einen Bauboom aus. Der Leopoldplatz bekam ein neues Gesicht, Straßen wurden erneuert, das Bootshaus an der Donau errichtet, die Stadthalle saniert und erweitert, der Parkplatz davor gestaltet, zwei neue Brücken führen über die Donau. Das Gelände entlang des Flusses erhielt landschaftliche wie gestalterische Attraktionen, wie den Gräsergarten oder die Donaubühne. Viele Privat- und Geschäftsleute nahmen die Gartenschau zum Anlass, um auch ihr Gebäude zu renovieren.

Das Antlitz Sigmaringens – es kann sich sehen lassen!

The Development of the Town of Sigmaringen

Sigmaringen, both upstream and downstream on the Danube, has been a settlement since prehistoric times.

In the 11th century a noble family built a fortress on a strategically favourable high cliff. The fortress was first mentioned as a castle in 1077. In the Chronicle of Petershausen it is referred to as *sigimaringin*. The first inhabitants of the town established their settlement at the foot of the castle. Sigmaringen, favourable from the aspect of defence but on the other hand economically and geographically unattractive due to its disadvantageous location, was above all determined by its respective rulers.

When Sigmaringen was granted the privileges of a town in the 13th century there were 12 houses located on both sides of the present day Fürst Wilhelm Straße (Prince William Street). They were encompassed by a city wall and confined by two town gates. Since then the Habsburg family were the feudal lords. It is believed that a man by the name of Herr von Hirschberg resided in the castle at that time. The golden stag set against a red background and the star in the town's coat of arms might remind one of these two noble families.

The Princes of Hohenzollern were given the counties of Sigmaringen and Veringen as a fief by Austria in 1535. The main ancestral seat of all the Hohenzollern was the castle near Hechingen. The Prussian dynasty also arose from the Hohenzollern family in Hechingen and later constituted the German Empire. Sigmaringen became the Princes' capital apart from few intervals. Although the sovereign wasn't always present the court authorities stayed in Sigmaringen.

The Thirty Years' War (1618 – 1648) and the Plague struck the town severely. The Swedes burnt down large parts of the castle and the Plague of 1634 decimated the population considerably.

The early modern era was characterized by many conflicts between the Hohenzollern and their citizens who were often supported by the Austrian authorities. Although afflicted by great economic troubles, the 18th century nevertheless brought forth two baroque treasures: the town's Church of St Johann (St John's Church) and the Josephskapelle (St Joseph's Chapel).

At the end of the German Empire (1806) Hohenzollern-Sigmaringen became sovereign.

The Princes enlarged the castle and expanded the town. In the vicinity of the initial medieval fortress the Princes' capital developed around the Karlstraße (Charles Street) and the Leopoldplatz (Leopold Square). At the same time the town experienced social, cultural and economic prosperity.

The State Constitution of 1833 and further concessions to the citizens brought little change to the minor state, which was ruled rather patriarchally. The turmoil of the Revolution of 1848/49 left its traces on the town as well. The opposition among the citizens led to the Swabian Hohenzollern's loss of sovereignty to their Prussian 'cousins' in Berlin. For almost one hundred years Sigmaringen was under Prussian rule.

The Prussian administration established itself in the previous stately buildings and the house of the estates. Sigmaringen developed into a town made up of civil servants and official authorities, as well as a town of schools and was eventually connected to the railway network.

A terrible fire destroyed the east wing of the castle in 1893. After the fire the castle was reconstructed and has retained its form up to the present day.

Between the two world wars Sigmaringen remained a town influenced by the Roman Catholic Party and the aristocrats. Despite the Weimar Constitution and the new law for the nobility, the residing aristocrats demanded their special status, which they had held up to that time. This created serious disputes with the heads of the local republican government, Emil Belzer and Alfons Scherer. The majority of the population took the side of the aristocracy. They were emotionally biased and economically dependent on them.

During the Second World War Sigmaringen was spared major destruction. The town set up special military hospitals for the seriously injured and offered protection for inhabitants seeking refuge from bombs. In the last months of the war the French Vichy Government was housed within the town.

In 1952, when the Hohenzollern County was integrated into the State of Baden-Württemberg, the name Hohenzollern disappeared from the political map.

The district and community reform strengthened the position of Sigmaringen. The villages of Laiz, Jungnau, Gutenstein, Ober- and Unterschmeien became incorporated.

Today Sigmaringen presents itself as a lively district town with its official authorities, civil servants, schools and even a college. This is underlined by its good social and cultural infrastructure. Although the development of tourism and the establishment of businesses and industries were weak in the past, there has been a significant improvement in these sectors today.

In 2012 Sigmaringen had a population of 16 580 including its adjoining boroughs.

The preparations for the 2013 Horticultural Show triggered a building boom. Streets were renewed and Leopold Square got a face lift, the boat house on the Danube was built, the Civic Centre restored and enlarged, and its car park newly designed. Two new bridges lead across the Danube. Special landscaping and architectural attractions, like for example the open-air theatre along the Danube and the Garden of Grasses, accentuate the area along the river.

The Horticultural Show has motivated many businesses and private individuals to renovate their premises.

Sigmaringen is well worth a visit!

Développement de la ville de Sigmaringen

Sigmaringen est peuplée en amont et en aval du Danube depuis les temps préhistoriques.

Au XIème siècle, une famille de la haute noblesse érigea un château fort stratégiquement bien situé sur un éperon rocheux. C'est en 1077 que pour la première fois cette forteresse fut mentionnée comme château fort. Elle est attestée sous le nom de *sigimaringin* dans la chronique de Petershausen. A ses pieds s'installèrent les premiers habitants. Sigmaringen, de par sa position bien protégée, désavantagée par contre sur le plan géo-économique, fut surtout marquée par les familles princières gouvernantes.

Quand Sigmaringen reçut le statut de ville à la fin du XIIIème siècle, 12 maisons se dressaient de chaque côté de l'actuelle Fürst-Wilhelm-Straße, entourée d'un mur d'enceinte et limitée par deux portes. Les Habsburger étaient les seigneurs féodaux. On suppose qu'en ce temps-là, un seigneur de Hirschberg résidait au château. Le cerf doré sur fond rouge et l'étoile dans les armoiries de la ville en témoigneraient.

En 1535, l'Autriche donna en fief aux comtes de Hohenzollern les comtés de Sigmaringen et de Veringen. Le berceau de la Maison des Hohenzollern est le château à proximité de Hechingen. D'une lignée de cette dynastie, la branche prussienne, est issue la Maison Impériale allemande. Sigmaringen devint, à quelques exceptions près, ville de résidence. Bien que le souverain n'y séjournât pas en permanence, les institutions de la cour chargées de l'administration du Land y demeurèrent.

La guerre de Trente ans (1618–1648) et la peste touchèrent durement la ville. Les Suédois incendièrent de grandes parties du château, la peste décima considérablement la population.

Les Temps Modernes furent caractérisés par de nombreux conflits entre les Hohenzollern et les bourgeois qui, bien souvent, bénéficièrent de l'appui des autorités prussiennes. C'est au XVIIIème siècle qui connut de grandes difficultés d'ordre économique que nous devons pourtant la construction de deux joyaux baroques: l'église paroissiale de St Johann et la chapelle «Josefskapelle».

Après la fin du Vieil Empire (1806), Hohenzollern-Sigmaringen devint souverain. Les princes agrandirent le château et la ville. À côté du bourg castral d'origine moyennageuse se développa sur la Leopoldplatz et dans la Karlstraße une ville de résidence. Ce fut pour la ville une période d'essor social, culturel et économique.

La constitution de 1833 et d'autres concessions vis-à-vis des bourgeois ne changèrent rien au petit État gouverné de manière plutôt patriarcale. Les troubles de la révolution de 1848/1849 n'épargnèrent pas Sigmaringen. L'opposition dans la population fut telle que les Hohenzollern souabes cédèrent leur souveraineté à leurs «cousins» prusses de Berlin. Pour presque 100 ans, Sigmaringen fut prussienne.

L'administration prussienne s'installa dans les anciens bâtiments princiers et dans la «Ständehaus» (maison des États). Sigmaringen devint une ville de fonctionnaires où se concentraient administrations et écoles. De plus, elle fut reliée au réseau de chemin de fer.

En 1893, un terrible incendie ravagea la partie est du château. Après sa reconstruction, le château acquit l'aspect qu'on lui connaît aujourd'hui.

Entre les deux guerres mondiales, Sigmaringen resta une ville marquée par le parti du centre (Zentrum) et la Maison princière. Celle-ci exigea, en dépit de la nouvelle loi sur la noblesse, le statut particulier qu'elle avait jusqu'alors, ce qui provoqua de fortes dissensions avec les «préfets» (Regierungspräsidenten) républicains Emil Belzer et Alfons Scherer. La majorité de la population resta favorable à la noblesse par attachement, mais aussi pour des raisons de dépendance économique.

Pendant la deuxième guerre mondiale, Sigmaringen échappa en grande partie aux destructions. Elle offrit l'abri à des réfugiés des villes bombardées et à des blessés graves dans des hôpitaux militaires mis en place à cet effet. Dans les derniers mois de guerre, elle hébergea dans ses murs le gouvernement de Vichy.

En 1952, le «Land» et le nom même de Hohenzollern disparurent de la carte politique quand Württemberg-Hohenzollern fut intégré au Land Baden-Württemberg.

La réforme des «cantons» (Kreis) et des communes renforcèrent la position de Sigmaringen. Les communes de Laiz, Jungnau, Gutenstein, Oberschmeien et Unterschmeien lui furent rattachées.

Aujourd'hui, Sigmaringen se présente comme une ville dynamique, chef-lieu du canton (Kreis), ville de fonctionnaires, ville administrative dotée de nombreux établissements scolaires et même d'une université. Elle bénéficie d'une infrastructure sociale et culturelle. Alors qu'auparavant le tourisme et l'implantation du commerce et de l'industrie stagnaient, une amélioration sensible s'est entre-temps fait sentir.

En 2012, Sigmaringen comptait avec ses cinq communes rattachées 16 580 habitants.

Les Floralies de 2013 engendrèrent au préalable de nombreux travaux d'urbanisme. Au nombre de ces chantiers, il faut citer la réparation de certaines rues, le remodèlement de la Leopoldsplatz, la construction de la Bootshaus au bord du Danube, la restauration et l'agrandissement da la salle polyvalente (Stadthalle) et en face d'elle, l'aménagement du parc de stationnement. Deux nouveaux ponts enjambent le Danube. Le terrain qui longe le fleuve vit la réalisation d'une attraction architecturale, le théâtre de verdure, et d'un aménagement paysager, le jardin de graminées.

Beaucoup de particuliers et de commerçants profitèrent des Floralies pour rénover aussi leurs bâtiments.

Sigmaringen, une ville qui a de l'allure.

Stadt Sigmaringen /// Town of Sigmaringen ///
Ville de Sigmaringen

Marktplatz mit Stadthaus (links), Altes Rathaus (Mitte), Hofapotheke (rechts) und Denkmal des Fürsten Karl Anton von Hohenzollern (rechts im Vordergrund)

Market Square with the Town House (on the left), the Old Town Hall (in the centre), the Hofapotheke (Court Pharmacy, on the right) and the statue of Prince Karl Anton of Hohenzollern (on the right in the foreground)

Place du marché avec la «Stadthaus» (à gauche), la Vieille Mairie (au centre), la Hofapotheke (pharmacie de la Cour, à droite) et le monument représentant le prince Karl Anton von Hohenzollern (à droite au premier plan)

1 Altes Rathaus;
2 Fürst Karl Anton von Hohenzollern;
3 der Alemanne Sigmar, sagenhafter Gründer der Stadt Sigmaringen, an der Westseite des Alten Rathauses;
4 Stadtführung mit Birgit Meyenberg auf dem Marktplatz

1 Old Town Hall;
2 Prince Karl Anton of Hohenzollern;
3 the Alemannic Sigmar, legendary founder of the town of Sigmaringen, on the west side of the Old Town Hall;
4 guided tour of the town with Birgit Meyenberg on Market Square

1 La Vieille Mairie;
2 le prince Karl Anton von Hohenzollern;
3 l'Alaman Sigmar, fondateur légendaire de la ville de Sigmaringen, côté ouest;
4 visite guidée de la ville avec Birgit Meyenberg sur la place du marché

1

2

1 Gasthaus Traube, Geburtshaus des heiligen Fidelis;
2 Wappenschild, zu finden an den Geschäften der ehemaligen Hoflieferanten

1 Traube Inn, birthplace of Saint Fidelis;
2 shield which can be found on the shops of the former court suppliers

1 Restaurant Traube, maison natale de Saint Fidèle;
2 blason qu'on trouve sur les façades des anciens fournisseurs de la cour

1

2

3

4

5

6

7

1 Marktplatz, Südwestbank, Geburtshaus des Malers Richard Lauchert (links), katholisches Pfarrhaus St. Johann (rechts);
2–5 Wochenmarkt vor dem Rathaus;
6 Richard-Lauchert-Gedenktafel an der Südwestbank;
7 Johann von Hohenzollern auf dem Marktbrunnen

1 Market Square, Südwestbank (Bank of the South West), birthplace of the artist Richard Lauchert (on the left), Catholic vicarage of St John's Church (on the right);
2–5 weekly market in front of the Town Hall;
6 memorial plaque to Richard Lauchert on the Südwestbank;
7 Johann of Hohenzollern on the fountain in Market Square

1 place du Marché, Südwestbank, maison natale du peintre Richard Lauchert (à gauche), presbytère catholique de saint Jean (à droite);
2–5 marché hebdomadaire devant la mairie;
6 plaque commémorative de Richard Lauchert;
7 Johann von Hohenzollern sur la fontaine du marché

Fidelishaus, Geburtshaus des Malers Johann Fidelis Wetz, heute ein Zentrum für kirchliche Dienste

Fidelis House, birthplace of the artist Johann Fidelis Wetz, now a centre for parochial services

Fidelishaus, maison natale du peintre Johann Fidelis Wetz, aujourd'hui un centre pour les services sociaux de l'église catholique

Fidelishaus:
1 Sonnenblume unter dem Dachgiebel;
2 heiliger Fidelis, Schutzpatron von Sigmaringen;
3, 4 reich verzierte Außenfassade;
5 Thomas-Geiselhart-Gedenktafel

Fidelis House:
1 Sunflower under the gable;
2 St Fidelis, patron saint of Sigmaringen;
3,4 ornate façade;
5 memorial plaque to Thomas Geiselhart

Fidelishaus:
1 Tournesol sous le pignon du toit;
2 Saint Fidèle, patron de Sigmaringen;
3, 4 façade richement décorée;
5 plaque commémorative de Thomas Geiselhart

Westlicher Stadteingang mit Gasthaus zum Bären (links), Hoftheater (Mitte), Stadtpfarrkirche St. Johann und Schlossturm (im Hintergrund)

Entrance to the town from the west with the restaurant zum Bären (on the left), the Hoftheater (Court Theatre, in the centre) and Parish Church of St John and Castle Tower (in the background)

Accès ouest de la ville avec le restaurant zum Bären (à gauche), Hoftheater (au centre), l'église St Johann et la tour du château (à l'arrière-plan)

1 Fußgängerzone Schwabstraße;
2 Vierjahreszeitenbrunnen;
3 Weinstube Engel

1 Schwabstraße-pedestrian zone;
2 Four Seasons Fountain;
3 Wine Bar Engel

1 Zone piétonne;
2 Fontaine des Quatre Saisons;
3 bar à vins Engel

1 Neues Rathaus (Mitte);
2 Sutorhaus;
3 Wegweiser Städtepartner Sigmaringen;
4 Stadtwerke im neuen Rathaus;
5 Schwabstraße mit Schlossapotheke (vorne links), Hohenzollerische Landesbank (Hintergrund Mitte)

1 New Town Hall (in the centre);
2 Sutor House;
3 signposts to the twin towns of Sigmaringen;
4 Department of Works in the new Town Hall;
5 Schwabstraße with the Schlossapotheke (Castle Pharmacy, on the left in the foreground) and the Hohenzollerische Landesbank (Regional Bank of Hohenzollern, in the centre in the background)

1 Nouvelle Mairie (au milieu);
2 Maison Sutor;
3 poteau indicateur des villes partenaires de Sigmaringen;
4 services techniques de la ville;
5 Schwabstraße avec la Schlossapotheke (pharmacie du château, devant à gauche) et la banque régionale de Hohenzollern (Hohenzollerische Landesbank, au milieu à l'arrière-plan)

Schloss Sigmaringen /// *Castle of Sigmaringen* /// *Château de Sigmaringen*

Eingangshalle im Schloss Sigmaringen /// Entrance Hall in the Castle of Sigmaringen /// Entrée du château de Sigmaringen

Ecksalon im Schloss Sigmaringen /// Corner Salon in the Castle of Sigmaringen /// Salon d'angle dans le château de Sigmaringen

Französischer Salon im Schloss Sigmaringen /// *French Salon in the Castle of Sigmaringen* /// *Salon français dans le château de Sigmaringen*

1 Portugiesische Galerie im Schloss Sigmaringen;
2 Neptunbrunnen in der Portugiesischen Galerie

1 Portuguese Gallery in the Castle of Sigmaringen;
2 Neptune Fountain in the Castle of Sigmaringen

1 Galerie portugaise dans le château de Sigmaringen;
2 fontaine de Neptune dans la Galerie portugaise

Ahnengalerie im Schloss Sigmaringen /// *Ancestral Gallery in the Castle of Sigmaringen* /// *Galerie des ancêtres du château Sigmaringen*

Schwarzer Salon im Schloss Sigmaringen /// *Black Salon in the Castle of Sigmaringen* /// *Salon noir dans le château de Sigmaringen*

Blick auf Sigmaringen vom Schlossturm /// View over Sigmaringen from the Castle Tower /// Vue sur Sigmaringen de la tour du château

Schloss Sigmaringen bei Nacht /// *Castle of Sigmaringen by night* /// *Château de Sigmaringen la nuit*

Katholische Stadtpfarrkirche St. Johann Evangelist

Catholic Parish Church of St John the Evangelist

Église paroissiale catholique St Jean l'Évangéliste

St. Johann Evangelist:
1 Fidelisschrein;
2 Deckenfresko;
3 Adventskonzert in der Kirche St. Johann;
4 Fideliswiege

St John the Evangelist:
1 Shrine of St Fidelis;
2 ceiling fresco;
3 concert for Advent in St John's church;
4 cradle of St Fidelis

Saint Jean l'Évangéliste:
1 Reliquaire de St Fidèle;
2 fresques du plafond;
3 concert de l'Avent dans l'église St Johann;
4 berceau de St Fidèle

1 Runder Turm, ehemals Bastion der alten Stadtbefestigung, heute Heimatmuseum;
2 Bildnis des Hofjuweliers Johann Georg Zimmerer im Runden Turm;
3 Dr. Volker Trugenberger bei einer Ausstellungseröffnung im Runden Turm

1 Runder Turm (Round Tower), formerly a bastion of the old fortifications of the town, now a museum of local history;
2 portrait of the court jeweller Johann Georg Zimmerer in the Round Tower;
3 Dr Volker Trugenberger at the opening of an exhibition in the Round Tower

1 Tour Ronde, autrefois bastion des anciennes fortifications, aujourd'hui musée régional;
2 portrait du joaillier de la Cour Johann Georg Zimmerer dans la Tour Ronde;
3 Dr Volker Trugenberger lors de l'inauguration d'une exposition dans la Tour Ronde

Alte Schule, heute Stadtbibliothek, Musikschule und Ausstellungsort

Alte Schule (Old School), today the town's library, music school and exhibition centre

«Alte Schule», ancienne école, aujourd'hui bibliothèque municipale, conservatoire et lieu d'exposition

1 Landeshaus, ehemaliger Sitz des Kommunallandtages;
2 Spruchtafel im Sitzungssaal des Landeshauses;
3 Jugendstilfenster im Landeshaus

1 Landeshaus (County House), former seat of the local regional parliament;
2 plaque with a saying in the conference room of the Landeshaus;
3 Art Nouveau window in the Landeshaus

1 Landeshaus, ancien siège du Parlement communal;
2 plaque avec inscription dans la salle de réunion du Landeshaus;
3 fenêtre Art Nouveau de la Landeshaus

1 Josefinenstraße;
2 Josefinenstift;
3 Eingangsbereich des Josefinenstiftes;
4 Fürstin Josefine von Hohenzollern im Innenhof des Josefinenstiftes

1 Josefinenstraße (Josefine Street);
2 Josefinenstift (nursing and retirement home);
3 foyer of the Josefinenstift;
4 Princess Josefine of Hohenzollern in the courtyard of the Josefinenstift

1 Rue Josefinenstraße;
2 Josefinenstift (aujourd'hui maison de retraite);
3 entrée du Josefinenstift;
4 Princesse Josefine von Hohenzollern dans la cour du Josefinenstift

Hofgarten mit Schulungszentrum der Hohenzollerischen Landesbank Kreissparkasse Sigmaringen

Hofgarten (Court Garden) with the schooling centre of the Hohenzollerische Landesbank Kreissparkasse Sigmaringen (regional bank of Hohenzollern in Sigmaringen)

Hofgarten (jardin de la Cour) avec centre de formation continue de la Hohenzollerische Landesbank Kreissparkasse Sigmaringen (banque et caisse d'épargne régionale)

1

2

3

1 Stadteingang Ost;
2 Marstallgebäude;
3 Fürst Karl von Hohenzollern gegenüber dem Marstallgebäude

1 Entrance to the town from the east;
2 Marstallgebäude (Royal Stables);
3 Prince Karl of Hohenzollern in front of the Royal Stables

1 Accès est de la ville;
2 immeuble Marstall (anciennes écuries princières);
3 Prince Karl von Hohenzollern en face de l'immeuble Marstall

1 Prinzenbau, heute Staatsarchiv des Regierungsbezirkes Südwürttemberg-Hohenzollern;
2 Reiterdenkmal des Fürsten Leopold von Hohenzollern auf dem Leopoldplatz;
3 Ärzte- und Dienstleistungszentrum der GSW Gesellschaft für Siedlungs- und Wohnungsbau Baden-Württemberg mbH am Leopoldplatz 1

1 Prinzenbau (Princes' Palace) now State Archive of the administrative region of South-Württemberg-Hohenzollern;
2 equestrian statue of Prince Leopold of Hohenzollern on Leopoldplatz (Leopold Square);
3 Medical and service centre of the GSW Gesellschaft für Siedlungs- und Wohnungsbau Baden-Württemberg mbH at 1, Leopold Square

1 Prinzenbau (palais des princes), aujourd'hui archives de la région Südwürttemberg-Hohenzollern;
2 place Leopold: monument représentant le prince Leopold von Hohenzollern à cheval;
3 Centre médical et centre de services de la GSW Gesellschaft für Siedlungs- und Wohnungsbau Baden-Württemberg mbH, Place Léopold 1

Prinzenbau mit der Parkanlage Prinzengarten

Princes' Palace with the landscaped Princes' Park

Prinzenbau (palais des princes) avec le parc princier (Prinzengarten)

Prinzengarten /// *Princes' Park* /// *Parc princier*

Prinzessinenpalais /// Princesses' Palace /// Ancien palais des princesses

1

2

1 Verwaltungsgericht des Regierungsbezirkes Südwürttemberg-Hohenzollern, ehemaliger Sitz der preußischen Regierung;
2 ehemaliges Fürstliches Archiv Sigmaringen

1 Verwaltungsgericht (Administrative Court) of the region South-Württemberg-Hohenzollern, former seat of the Prussian government;
2 former Princes' Archive in Sigmaringen

1 Tribunal administratif du département Südwürttemberg-Hohenzollern, ancien siège du gouvernement prusse;
2 anciennes archives princières de Sigmaringen

Evangelische Stadtkirche /// *Protestant Parish Church* /// *Église protestante*

Evangelische Stadtkirche /// Protestant Parish Church /// Église protestante

1 Lisa Heyman (Mitte vorn), geborene Frank, in Sigmaringen aufgewachsen und heute wohnhaft in Amerika, nach der Stolpersteinverlegung 2012
2 Stolpersteine in Gedenken an die jüdische Familie Frank in der Karlstraße 31

1 Lisa Heyman, nee Frank, (at the front in the centre), who grew up in Sigmaringen and now lives in America, after the laying of stumbling blocks in 2012;
2 stumbling blocks as a tribute to the Jewish Frank family at Karlstraße 31 (31, Charles Street)

1 Lisa Heyman (devant), née Frank, qui a grandi à Sigmaringen et habite aujourd'hui en Amérique, après la pose du pavé commémoratif en 2012;
2 pavés commémoratifs en souvenir de la famille juive Frank dans la Karlstraße 31

Hedinger Kirche /// *Church of Hedingen* /// *Église Hedinger*

Theodor-Heuss-Realschule /// Theodor-Heuss Secondary School /// Collège Theodor Heuss

Josefskapelle auf dem Josefsberg

Josefskapelle (Josef's Chapel) on the Josefsberg (Josef's Hill)

Josefskapelle (chapelle de Joseph) sur le Josefsberg (colline de Joseph)

Blick über Sigmaringen vom Josefsberg /// *View over Sigmaringen from Josef's Hill* /// *Vue sur Sigmaringen du Josefsberg*

1

1 Stadthalle;
2 Alter Schlachthof, Kulturzentrum

1 Civic Centre;
2 Alter Schlachthof (old slaughterhouse), now a cultural centre

1 Stadthalle (salle polyvalente);
2 Ancien abattoir, centre culturel

2

1 Freibad Sigmaringen;
2 Campingplatz;
3 Hohenzollern-Jugendherberge Sigmaringen

1 Open-air swimming pool in Sigmaringen;
2 camping-site;
3 Hohenzollern Youth Hostel in Sigmaringen

1 piscine de Sigmaringen;
2 terrain de camping;
3 auberge de jeunesse Hohenzollern de Sigmaringen

Auf dem Gartenschaugelände:
1 Kneippanlage;
2 Donaubühne;
3 Uferlandschaft;
4 Uferlandschaft während der Vorbereitung auf die Gartenschau 2013

On the site of the Horticultural Show:
1 Kneipp facilities;
2 open-air stage on the Danube;
3 shoreland;
4 shoreland during preparations for the Horticultural Show in 2013

Sur le site des Floralies:
1 Espace Kneippanlage;
2 théâtre de verdure;
3 paysages des rives du Danube;
4 rives du Danube pendant la préparation des Floralies 2013

Auf dem Gartenschaugelände:
1, 2 Café und Restaurant Bootshaus;
3, 4 Bootshausbrücke

On the site of the Horticultural Show:
1, 2 Bootshaus (Boathouse) cafe and restaurant;
3, 4 bridge to the Boathouse

Sur le site des Floralies:
1, 2 Café-restaurant Bootshaus;
3, 4 pont du Bootshaus

Bahnhof /// *Railway Station* /// *Gare*

Das Stadtfest Sigmaringen wird alljährlich im Juni gefeiert

The town festival in Sigmaringen is celebrated every year in June

La fête de la ville de Sigmaringen a lieu tous les ans en juin

Historisches Bräuteln mit Fürst Karl Friedrich von Hohenzollern während der Fasnacht

Historic 'Bräuteln' with Prince Karl Friedrich of Hohenzollern during Fasnacht (Carnival)

Traditionnel: «Bräuteln» avec le prince Karl Friedrich von Hohenzollern pendant le carnaval

Schlossnarro während eines Fasnachtsumzugs /// Schlossnarro (carnival figure) at a carnival parade /// Schlossnaro pendant un défilé du carnaval

1

1 *Landratsamt;*
2 *der Ceresbrunnen des Künstlers Josef Henselmann vor dem Landratsamt*

1 *Landratsamt (Town Authorities);*
2 *Ceres Fountain by the artist Josef Henselmann in front of the Landratsamt*

1 *Landratsamt administration régionale («sous-préfecture»);*
2 *fontaine Cérès de l'artiste Josef Henselmann devant le Landratsamt*

2

1 Brauerei und Gaststätte Zoller-Hof;
2 Zündapp-Museum der Brauerei Zoller-Hof;
3 Kloster Gorheim;
4 ehemaliges Wasserwerk;
5 Museum im ehemaligen Wasserwerk

1 Zoller-Hof brewery and restaurant;
2 Zündapp Museum of the Zoller-Hof brewery;
3 Monastery of Gorheim;
4 former waterworks;
5 museum in the former waterworks

1 Brasserie et restaurant Zoller-Hof;
2 musée Zündapp de la brasserie Zoller-Hof;
3 monastère de Gorheim;
4 ancien centre de distribution des eaux;
5 musée dans l'ancien centre de distribution des eaux

1 Hochschule Albstadt-Sigmaringen;
2 Chemisches und Veterinäruntersuchungsamt Sigmaringen

1 University of Albstadt-Sigmaringen;
2 Chemical and Veterinary Research Department in Sigmaringen

1 Université Albstadt-Sigmaringen;
2 services vétérinaires et de contrôle chimique de Sigmaringen

1 Evangelische Kreuzkirche
2 die Liebfrauenschule feierte 2006 ihr 50-jähriges Bestehen;
3 Gewerbliche, Ernährungs- und Sozialwissenschaftliche Schule Sigmaringen, Hohenzollern-Gymnasium und Ludwig-Erhard-Schule;
4 Bilharzschule

1 Kreuzkirche (Protestant Church of the Cross);
2 the Liebfrauenschule (private Catholic school) celebrated its 50th anniversary in 2006;
3 School of business studies, nutrition studies and social sciences in Sigmaringen, Hohenzollern grammar school and Ludwig Erhard school;
4 Bilharz School

1 Église protestante Kreuzkirche;
2 école privée Liebfrauenschule a fêté en 2006 son 50ème anniversaire;
3 Ecole professionnelle Economie, Nutrition et Sciences Sociales de Sigmaringen, lycée Hohenzollern et école Ludwig Erhard;
4 école Bilharzschule

1 Kreiskrankenhaus;
2 Erzbischöfliches Kinderheim Haus Nazareth;
3 Seniorenwohnanlage Fideliswiesen

1 District Hospital;
2 Archiepiscopal children's home, Haus Nazareth;
3 Fideliswiesen, residence for senior citizens

1 Clinique;
2 Foyer pour enfants Haus Nazareth;
3 résidence pour personnes âgées Fideliswiese

Kriegerehrenmal /// *War Memorial* /// *Monuments aux morts*

Pfarrkirche St. Fidelis /// *Parish church of St Fidelis* /// *Église paroissiale St Fidelis*

Panthelstein am Mühlberg /// *Panthelstein (Panthel Stone) on the Mühlberg* /// *Panthelstein à Mühlberg*

Die Teilgemeinden von Sigmaringen /// The Boroughs of Sigmaringen /// Les communes rattachées à Sigmaringen

Laiz, Gutenstein, Jungnau, Unterschmeien, Oberschmeien

Laiz

Laiz ist die älteste und mit 2980 Einwohnern zugleich größte Teilgemeinde von Sigmaringen. Bronzezeitliche Urnenfelder und keltische Grabhügel der Hallstattzeit sind Zeugen früher Besiedelung am Kreuzungspunkt wichtiger frühgeschichtlicher Handelswege. Die römische Reichsgrenze, eine bedeutende Römerstraße und die Furt durch die Donau führten zu einer Besiedlung im 1. Jahrhundert n. Chr. Im Mittelalter war Sigmaringen dem Pfarrsprengel Laiz angeschlossen.

Die Wallfahrtskirche St. Peter und Paul von 1308 verfügt neben Chorfresken aus dem 15. Jahrhundert über zahlreiche Kunstwerke der Gotik und des Barock, besonders des Sigmaringer Malers Meinrad von Ow (1712–1792). Im ›Siechenhaus‹, einer ehemaligen Unterkunft Leprakranker im Mittelalter, ist eine bedeutende Sammlung des Laizer Künstlers Josef Henselmann und seiner Frau Marianne untergebracht; der Christophorusbrunnen des Künstlers Henselmann befindet sich an der Donaubrücke. Vor dem Laizer Rathaus wurde im Jahr 2000 der Millenniumbrunnen der Künstlerin Ursula Stock erstellt. In unmittelbarer Nachbarschaft zum Rathaus befindet sich das sehenswerte Backhaus, das 1843 erbaut wurde.

Laiz is the oldest borough of Sigmaringen. It is also the largest with 2980 inhabitants. Urn fields from the Bronze Age and Celtic grave mounds from the Hallstadt Age are proof of early settlements at the crossroads of important historical trade routes. The Roman Empire's territorial border, a significant Roman road and the ford across the Danube led to a settlement in the 1st century A.D. In the Middle Ages Sigmaringen was affiliated to the rural parish of Laiz.

The Pilgrimage Church of St Peter and Paul from 1308 houses, besides choir frescos of the 15th century, numerous Gothic and baroque works of art, especially paintings by Meinrad von Ow (1712–1792) of Sigmaringen. In the former infirmary, once a shelter for lepers in the Middle Ages, one can find an outstanding collection of the works by the artist Josef Henselmann and his wife Marianne from Laiz. Josef Henselmann's fountain of St Christopher is situated near the bridge over the Danube. The Millenium Fountain, created by the artist Ursula Stock in the year 2000, is in front of the Town Hall. The old communal bakery, which was built in 1843, can be found close by and is worth a visit.

Laiz est la plus ancienne et la plus grande des communes rattachées à Sigmaringen. Des champs d'urnes datant de l'âge du bronze et des tumulus celtes de l'époque hallstatienne témoignent de l'existence d'une occupation humaine à la jonction d'importantes routes commerciales protohistoriques. La frontière de l'empire romain, une importante voie romaine et le gué permettant de traverser le Danube, rendèrent favorable une colonisation humaine au 1er siècle après J.C. Au Moyen Âge, Sigmaringen était rattachée à la paroisse de Laiz.

L'église de pélerinage St Peter et Paul de 1308 dispose, à côté des fresques du chœur datant du XVème siècle, de nombreuses œuvres d'art du gothique et du baroque, particulièrement du peintre originaire de Sigmaringen Meinrad von Ow (1712–1792). La «Siechenhaus», l'ancienne maison des lépreux au Moyen Âge, abrite une collection importante de l'artiste Joseph Henselmann et de sa femme Marianne. Près du pont sur le Danube se dresse la fontaine de St Christophe (Christophorusbrunnen) conçue par Joseph Henselmann. En 2000, la fontaine du millénaire (Millenniumbrunnen), œuvre de l'artiste Ursula Stock, a été édifiée devant la mairie de Laiz. En face, la «Backhaus», four à pain communal, construit en 1843, vaut le coup d'œil.

1 Laiz mit Wallfahrtskirche St. Peter und Paul;
2, 3 der Milleniumbrunnen der Künstlerin Ursula Stock vor dem Laizer Rathaus als Symbol für ein neues Jahrtausend

1 Laiz with the Pilgrimage Church of St Peter and Paul;
2, 3 Millenium Fountain by the artist Ursula Stock in front of the Town Hall in Laiz, as a symbol of a new century

1 Laiz avec l'église de pèlerinage St Peter et Paul;
2, 3 fontaine du Millénium de l'artiste Ursula Stock devant la mairie de Laiz, symbole du nouveau millénaire

Donaubrücke /// *Bridge over the Danube* /// *Pont sur le Danube*

Museum Marianne und Josef Henselmann im ehemaligen Siechenhaus:
1 Museumsgebäude;
2 Ausstellungsraum;
3 ›Die Steinigung des Stephanus‹ von Joseph Henselmann;
4 Selbstbildnis von Josef Henselmann
5 Christophorusfigur des Künstlers Josef Henselmann auf der Donaubrücke

Museum of Marianne and Josef Henselmann in the former infirmary:
1 Museum building;
2 exhibition hall;
3 'The Stoning of St Stephen' by Josef Henselmann;
4 self-portrait of Josef Henselmann;
5 figure of St Christopher by the artist Josef Henselmann on the bridge over the Danube

Musée Marianne et Josef Henselmann dans l'ancienne maison des lépreux (Siechenhaus):
1 Bâtiment du musée;
2 salle d'exposition;
3 «La Lapidation de St Etienne» de Josef Henselmann;
4 autoportrait de Josef Henselmann;
5 statue de St Christophe de l'artiste Josef Henselmann près du pont sur le Danube

Wallfahrtskirche St. Peter und Paul /// *Pilgrimage Church of St Peter and Paul* /// *Église de pèlerinage St Peter et Paul*

Jungnau

Im Ortsteil Jungnau mit 714 Einwohnern, im idyllischen unteren Laucherttal gelegen und Bahnstation der Hohenzollerischen Landesbahn, fanden sich erste Besiedlungsspuren um 800 v. Chr. Nach keltischen, römischen und alamannischen Perioden wurde um 1100 südlich von Jungnau die Burg Isikofen errichtet, im 13. Jahrhundert in der heutigen Dorfmitte die Burg Schiltau und im 14. Jahrhundert in unmittelbarer Nachbarschaft zu dieser die Burg Jungenowe, erstmals 1333 erwähnt. Von der letztgenannten ist als Wahrzeichen von Jungnau der Bergfried in der Ortsmitte erhalten. 1534 gelangte Jungnau an die Grafen von Fürstenberg, wurde Obervogtei und kam 1806 durch Napoleon an Hohenzollern-Sigmaringen. Die Pläne für die spätbarock ausgestaltete und 1742 vollendete Kirche St. Anna stammen von dem fürstenbergischen Hofbaumeister Georg Brix aus Meßkirch. Kirche, Bergfried, die ›Alte Post‹, ein pittoreskes kleines Fachwerkhaus und die ehemalige Mühle, ein stattliches Fachwerkhaus, bilden die historische Dorfmitte von Jungnau.

Around 800 B.C. first traces of settlements were found in the borough of Jungnau. The village has a population of 714 and lies in the idyllic lower Valley of the Lauchert. It also has a station of the Hohenzollern regional railway. After the Celtic, Roman and Alemannic periods the fortress Isikofen was built south of Jungnau around 1100. In what is today's village centre the fortress Schiltau was built in the 13th century. In its vicinity the fortress Jungenowe was erected in the 14th century and was first mentioned in 1333. The castle tower of the latter is preserved as a landmark of Jungnau. In 1534 Jungnau was taken over by the Counts of Fürstenberg, became a leading protectorate and in 1806 was annexed to Hohenzollern-Sigmaringen by Napoleon. The plans for the Church of St Anna, which was built in the late baroque style and completed in 1742, were made by the Fürstenberg palace architect Georg Brix of Meßkirch. The church, the castle tower, the picturesque small half-timbered 'Alte Post' and the former mill, a grand half-timbered house, constitute the historical centre of the village of Jungnau.

Dans la commune de Jungnau qui compte 714 habitants, située au cœur de la basse vallée de la Lauchert et gare de la «Hohenzollerische Landesbahn», on date les premières traces d'occupation humaines vers 800 avant J.C. Après les périodes celtiques, romaines et alémaniques fut érigé vers 1100, au sud de Jungnau, le château fort d'Isikofen, au XIIIème siècle, dans l'actuel centre du village, le château fort de Schiltau et au XIVème siècle, non loin de là, le château de Jungenowe, mentionné pour la première fois en 1333. De ce dernier subsiste le donjon, emblême de Jungnau. En 1534, Jungnau revint aux comtes de Fürstenberg, devint une prévôté, et en 1806 fut intégré par Napoléon à la principauté de Hohenzollern-Sigmaringen. Les plans de l'église St Anna, décorée dans le style baroque tardif, achevée en 1742, proviennent du maître d'œuvre de la cour Georg Brix, originaire de Meßkirch. L'église, le donjon, la «Alte Post», petite maison à colombages toute pittoresque et l'ancien moulin, imposante bâtisse à pans de bois, forment le cœur historique du village de Jungnau.

Jungnau

1 Historische Darstellung Jungnaus in der Kirche St. Anna;
2 Kirche St. Anna;
3 Kirche St. Anna (im Hintergrund links), Bergfried (im Hintergrund Mitte)

1 Historical depiction of Jungnau in the church of St Anna;
2 Church of St Anna;
3 Church of St Anna (on the left in the foreground), fortress (in the centre in the background)

1 Représentation historique de Jungnau dans l'église St Anna;
2 église St Anna;
3 église St Anna (à l'arrière-plan à gauche), donjon (à l'arrière-plan au centre)

1 Jungnauer Ried;
2 Hohenzollerische Landesbahn im Lauchert-tal bei Jungnau

1 Marshland in Jungnau;
2 Hohenzollern Regional Railway in the Valley of the Lauchert near Jungnau

1 Marais de Jungnau;
2 Hohenzollerische Landesbahn (société régionale de chemin de fer) dans la vallée de la Lauchert

Gutenstein

Gutenstein mit seinen 522 Einwohnern befindet sich in einem besonders reizvollen Teil des romantischen Donautals. Bedeutende Funde belegen eine Besiedlung in frühalemannischer Zeit, die urkundliche Erwähnung erfolgt erstmalig im Jahr 1212. Die Pfarrkirche St. Gallus (1541) wurde als gotische Chorturmkirche erbaut und im 18. Jahrhundert im Stil des Barock verändert. Beachtenswert ist eine Kreuzigungsgruppe (Felizian Hegenauer) und die ›Schwarz-Orgel‹. Schloss Gutenstein, am Ortsrand über der Donau thronend, wurde im 16. Jahrhundert erbaut, im 18. Jahrhundert umgebaut und befindet sich heute in Privatbesitz.

Die Umgebung von Gutenstein ist geprägt von zahlreichen Burgruinen, markanten Felsen, Höhlen und Grotten, inmitten seltener Flora und Fauna. Technische Meisterleistungen sind die Straßentunnel durch die Kalkfelsen, die bereits um 1855 einen Straßenbau durch das Donautal ermöglichten. Die Lage im ›Naturpark Obere Donau‹, am Donauradwanderweg Donaueschingen–Wien–Schwarzes Meer, Kletter- und Kanusport und ein großes Angebot zum Erlebniswandern sind beste Grundlagen für den Wirtschaftsfaktor Tourismus.

Gutenstein, with a population of 522, is situated in an exceptionally charming part of the romantic Danube Valley. Important discoveries are proof of a settlement in the early Alemannic period. It was documented in the year 1212 for the first time. The Parish Church of St Gallus (1541) was first built in the style of a Gothic church with a choir tower, but transformed into a baroque church in the 18th century. A sculpture of the crucifixion (Felizian Hegenauer) and the Black Organ are especially noteworthy. The castle of Gutenstein, situated on the outskirts high above the Danube was built in the 16th century, reconstructed in the 18th century and is now privately owned.

Numerous fortress ruins, striking rocks, caves and grottoes between rare flora and fauna, characterize the surroundings of Gutenstein. The tunnels leading through the limestone cliffs, which facilitated the construction of roads through the Danube Valley as early as 1855 are technical masterpieces. With the cycling route along the Danube from Donaueschingen via Vienna to the Black Sea, climbing and canoeing facilities, and a rich choice of adventurous hiking trails the location of the 'Naturpark Obere Donau' (National Park Upper Danube) provides an excellent foundation for the regional tourist industry.

Gutenstein avec ses 522 habitants se trouve dans un site ravissant de la vallée romantique du Danube. D'importants vestiges attestent l'existence d'une occupation humaine à l'époque préalémanique. C'est en 1212 qu'il fut fait mention officielle du lieu pour la première fois. L'église paroissiale St Gallus (1541) fut bâtie comme église à clocher-chœur gothique et remaniée au XVIIIème siècle dans le style baroque. On peut y admirer un calvaire (Felizian Hegenauer) et un orgue, dit «Schwarz-Orgel». Le château de Gutenstein, juché à l'entrée du village au-dessus du Danube, construit au XVIème siècle, connut des transformations au XVIIIème siècle. Il appartient aujourd'hui à un particulier.

De nombreuses ruines de forteresse, des falaises impressionnantes, des cavernes et des grottes au milieu d'une faune et d'une flore rares caractérisent les environs de Gutenstein. Les tunnels creusés dans la roche calcaire qui dès 1855 permirent la construction d'une route dans la vallée du Danube sont d'extraordinaires prouesses techniques. Sa situation dans le «parc naturel du Danube supérieur» au bord de la piste cyclable Donaueschingen–Vienne–Mer noire, des activités de loisir comme l'escalade et le canoé, d'innombrables circuits de randonnée sont des conditions favorables au tourisme, facteur économique important de la région.

Gutenstein

Schloss Gutenstein /// *The Castle of Gutenstein* /// *Château de Gutenstein*

1 Straßentunnel bei Gutenstein;
2 neue Donaubrücke;
3 Kletterfelsen bei Gutenstein;
4 Kanutour auf der Donau

1 Road tunnel near Gutenstein;
2 new bridge over the Danube;
3 climbing rocks near Gutenstein;
4 canoeing tour on the Danube

1 Tunnel près de Gutenstein;
2 nouveau pont sur le Danube;
3 falaise d'escalade près de Gutenstein;
4 tour en canoë sur le Danube

Oberschmeien

Oberschmeien mit seinen 439 Einwohnern liegt im Tal der Schmeie, die am Oberlauf noch Schmiecha (keltisch) genannt wird. Erste archäologische Funde wurden auf das 7. Jahrhundert datiert. Erstmals erwähnt wird die Burg ›Smyehen‹ 1334, eine im Donautal typische Höhlenburg zwischen Ober- und Unterschmeien. 1346 erfolgte eine erste Nennung von ›Obron Schmiechen‹ in einem Kaufvertrag der Herren von Jungingen an die Herren von Oberstetten. Der Chor und der Turm der Kirche St. Georg stammen aus dem 14. Jahrhundert, die Deckenfresken aus dem 15. Jahrhundert und das Kirchenschiff mit barocker Ausstattung von 1787.

Das wildromantische Schmeiental wie auch die Alblandschaft laden zu zahlreichen Wanderungen ein, und besonders die Tier- und Pflanzenwelt ermöglicht viele seltene Entdekkungen wie etwa an den zahlreichen Orchideenstandorten. Auf der nahegelegenen ›Fürstenhöhe‹ (780 Meter) ist an guten Tagen eine grandiose Aussicht über ganz Oberschwaben bis zu den Alpen möglich.

Oberschmeien with its 439 inhabitants lies in the valley of the river Schmeie, which is still called Schmiecha (Celtic) on the upper stretch of the valley. The first archaeological findings date back to the 7th century. The fortress ‘Smyehen’ is mentioned in 1334 for the first time. It is a typical cave-like fortress between Unter- und Oberschmeien. ‘Obron Schmiechen’ is first referred to in a purchase contract between the Lords of Jungingen and Oberstetten in 1346. The choir and the church tower of St George originate from the 14th century, the ceiling frescoes from the 15th century and the nave in baroque style from 1787.

The wild and romantic Schmeien Valley as well as the countryside of the Alb offer countless hiking trails and especially the animal and plant life render many rare discoveries, for example at the numerous orchid sites. On a clear day one can have a magnificent view from the nearby ‘Fürstenhöhe’ (780 meters) across all of Upper Swabia as far as the Alps.

Oberschmeien, 439 habitants, est niché dans la vallée de la Schmeie qui, dans son cours supérieur, s’appelle encore Schmiecha, nom celtique. Les premiers vestiges sont datés du VIIème siècle. Le chateau «Smyehen», un château typique encastré dans une grotte entre Ober- et Unterschmeien, est mentionné pour la première fois en 1334. C’est dans un contrat de vente des seigneurs de Jungingen aux seigneurs de Oberstetten en 1346 que se trouve indiqué le nom de «Obron Schmiechen». Le chœur et le clocher de l’église St Georg datent du XIVème siècle, les fresques du plafond du XVème siècle et la nef décorée en style baroque de 1787.

La vallée de la Schmeie d’un romantisme sauvage comme le paysage de l’Alb (du Jura Souabe) invitent à de nombreuses randonnées, et particulièrement la faune et la flore permettent beaucoup de découvertes rares comme, par exemple, celle des nombreux emplacements d’orchidées. La Fürstenhöhe (780 m), située non loin de là, offre par beau temps une vue superbe sur toute la région de Oberschwaben jusqu’aux Alpes.

Oberschmeien

1 Sammlung alter Grenzsteine bei Oberschmeien;
2 Oberschmeien mit Kirche St. Georg;
3 Schmeiental bei Oberschmeien;
4 Schmeie;
5 Fürstenhöhe

1 Collection of old border stones near Oberschmeien;
2 Oberschmeien with the Church of St George;
3 valley of the Schmeie near Oberschmeien;
4 river Schmeie;
5 Fürstenhöhe (Princes' Hill)

1 Collection de vieilles bornes près de Oberschmeien;
2 Oberschmeien avec l'église Saint George;
3 vallée de la Schmeiental;
4 la Schmeie;
5 Fürstenhöhe (colline des princes)

Unterschmeien

Unterschmeien ist mit 253 Einwohnern die kleinste der Sigmaringer Teilgemeinden. Die nahegelegene ›Zigeunerhöhle‹ war eine Schutzhöhle bereits für Jäger der Mittelsteinzeit. Die erste Nennung der Burg ›Smyehen‹ ist auf das Jahr 1334 datiert, 1385 wird das Dorf ›Under Smiche‹ genannt. Die Kirche St. Anna wurde 1733 geweiht und steht anmutig auf einer kleinen Anhöhe im Dorf. Wie auch bei Oberschmeien zeigt sich das Schmeiental kurz vor der Mündung in die Donau wildromantisch mit zahlreichen Höhlen und Grotten und bietet einmalige Eindrücke und Entdeckungen für Naturfreunde.

Unterschmeien has a population of 253 and is the smallest borough of Sigmaringen. The nearby 'Zigeunerhöhle' (Gipsy Cave) was a cave which was used as a shelter by hunters during the Middle Stone Age. The fortress 'Smyehen' is mentioned in 1334 for the first time. In 1385 the village was called 'Under Smiche'. The Church of St Anna, which was consecrated in 1733, stands gracefully on a small hill in the village. As in the case of Oberschmeien the Schmeien Valley is characterized by its wild romantic landscape with many caves and grottoes shortly before the Schmeie flows into the Danube. This area offers unique impressions and discoveries for nature lovers.

Unterschmeien, avec ses 253 habitants, est la plus petite des communes rattachées à Sigmaringen. Située à proximité du village, la grotte «Zigeunerhöhle» était déjà une grotte de refuge pour les chasseurs du mésolithique. La première mention du château «Smyehen» date de l'année 1334. En 1385, le village est appelé «Under Smiche». L'église St Anna fut consacrée en 1733 et se dresse, gracieuse, sur une petite butte dans le village. Comme à Oberschmeien, la vallée de la Schmeie avec ses nombreuses grottes et cavernes se révèle, peu avant l'embouchure de la rivière dans le Danube, d'un romantisme sauvage. Elle séduit l'amoureux de la nature et lui permet des découvertes exceptionnelles.

Unterschmeien

1 Unterschmeien;
2 Kirche St. Anna;
3 Zigeunerhöhle bei Unterschmeien

1 Unterschmeien;
2 Church of St Anna;
3 Zigeunerhöhle (Gypsies Cave) near Unterschmeien

1 Unterschmeien;
2 Église St Anna;
3 grotte Zigeunerhöhle près de Unterschmeien

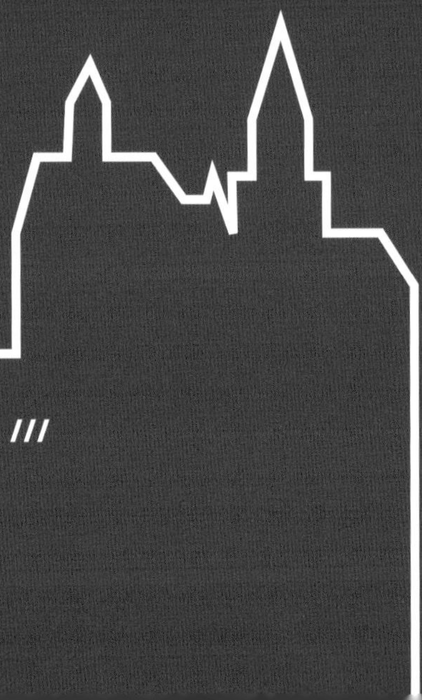

Das Obere Donautal /// The Upper Danube Valley /// La vallée supérieure du Danube

Inzigkofen, Dietfurt, Thiergarten, Hausen im Tal, Beuron

Zahlreiche Funde aus ur- und frühgeschichtlicher Zeit wie ein alemannisches Grab bei der Eremitage bei Inzigkofen sind Zeugen einer frühen Besiedlung Inzigkofens und seiner Region. Der heutige Ortsname Inzigkofen entwickelte sich vermutlich aus dem Namen der Burg Utkoven, die sich im 13. Jahrhundert unterhalb Inzigkofens befand. Im Ort empfiehlt sich zur Besichtigung das ehemalige Frauenstift der Augustinerinnen, das 1354 gegründet und von 1659 bis 1663 in die heutige Form umgebaut wurde, sowie die Stiftskirche St. Johannes Baptist und die gesamte Klosteranlage. Das Kloster beherbergt heute das Volkshochschulheim. Der Fürstliche Park Inzigkofen, angelegt während der Jahre 1811 bis 1829 von Fürstin Amalie Zephyrine, ist ein bedeutender Landschaftspark der Romantik. Unvergessliche Eindrücke bieten dem Besucher zudem die Teufelsbrücke, die Eremitage, der Aussichtspunkt Känzele, der Amalienfelsen an der Donau und spektakuläre Grotten und Höhlen sowie die Burgruine Gebrochen Gutenstein, eine der schönsten Ruinen des gesamten Donautals, nahe dem Bahnhof Inzigkofen auf einem steilen Felsen gelegen.

Numerous findings from prehistoric and early historic times, like an Alemannic grave from the Hermitage near Inzigkofen, bear witness to an early settlement of Inzigkofen and its surroundings. The present name of the village, Inzigkofen, probably derives from the name of the Utkoven Fortress which was situated beneath Inzigkofen in the 13th century. In the village it is worth visiting the former Augustinian convent, which was founded in 1354 and converted into its present form between 1659 and 1663, and also the Collegiate Church of St John the Baptist and the entire convent buildings and grounds. The convent is now home to an adult education centre. The Princes' Park in Inzigkofen, which was established between the years 1811 to 1829 by Princess Amalie Zephyrine, is an important landscaped park of the Romantic period. The Teufelsbrücke (Devil's Bridge), the Hermitage, the vantage point called Känzele, the rock formation on the Danube named after Amalie and spectacular grottoes and caves provide the visitor with unforgettable impressions, as does the ruin of the fortress Gebrochen Gutenstein, one of the most beautiful ruins in the Danube Valley, standing on a steep rock near Inzigkofen Station.

De nombreux vestiges de l'époque préhistorique et protohistorique, comme une tombe alémanique découverte près de l'«Eremitage» non loin d'Inzigkofen, témoignent d'une colonisation précoce d'Inzigkofen et de sa région. Le nom actuel d'Inzigkofen s'est développé probablement à partir du nom du château «Utkoven» qui se trouvait au XIIIème siècle au-dessous d'Inzigkofen. Dans le village, il est recommandé de faire la visite de l'ancien couvent des Augustines, fondé en 1354 et remanié dans sa forme actuelle de 1659 à 1663, celle de l'église Saint-Jean Baptiste et de tout le complexe monastique. Le couvent abrite aujourd'hui la «Volkshochschulheim», institut de formation continue pour adultes. Le parc princier d'Inzigkofen, aménagé pendant les années 1811 à 1829 par la princesse Amalie Zephyrine, est un parc paysager remarquable du romantisme. Le pont du diable (die Teufelsbrücke), l'«Eremitage», le point de vue du «Känzele», la falaise d'Amalie (Amalienfelsen) qui surplombe le Danube, des grottes et des cavernes spectaculaires tout comme la ruine du château «Gebrochen Gutenstein», une des plus belles ruines de toute la vallée du Danube, située non loin de la gare d'Inzigkofen sur une falaise raide, offrent au visiteur des impressions inoubliables.

1, 2 Klosterkirche Inzigkofen;
3 Klosterkräutergarten;
4 ehemaliges Frauenstift der Augustinerinnen

1, 2 Convent church of Inzigkofen;
3 herb garden in the convent;
4 former Augustinian convent

1, 2 Église abbatiale d'Inzigkofen;
3 jardin de plantes aromatiques;
4 ancien couvent des Augustines

Im Park Inzigkofen:
1 Amalienfelsen;
2 Teufelsbrücke;
3 Felsentor zur Teufelsbrücke;
4 Ruine Gebrochen Gutenstein bei Inzigkofen

In the park in Inzigkofen:
1 Amalienfelsen (rock named after Amalie);
2 Teufelsbrücke (Devil's Bridge);
3 arch in the rock leading to Devil's Bridge;
4 ruin of Gebrochen Gutenstein near Inzigkofen

Dans le parc d'Inzigkofen:
1 Rocher portant le nom d'Amélie;
2 le pont du diable;
3 arche de pierre menant au pont du diable;
4 ruine Gebrochen Gutenstein Inzigkofen

Dietfurt

Dietfurt gehört zur Gemeinde Inzigkofen. Inmitten der Ortschaft steht an der Donaubrücke die Burgruine Dietfurt. Im Innern des Burgfelsens gibt es eine sagenumwobene Höhle, die Burghöhle Dietfurt. Wissenschaftliche Grabungen in der Höhle ergaben spektakuläre Funde aus der Zeit des Pleistozän, der Mittelsteinzeit, der Römerzeit, dem Mittelalter und der Neuzeit. Besonderes Fundstück ist eine vermutlich zu kultischen Zwecken genutzte große Tonplatte mit konzentrischen Kreisverzierungen aus der späten Bronzezeit (1300–800 v. Chr.). Mit der Dietfurter Mühle besitzt der kleine Ort eine beliebte Gaststätte und ein geschätztes Ausflugslokal.

Dietfurt belongs to the municipality of Inzigkofen. In the centre of the village, at the bridge over the Danube, the ruin of the Fortress of Dietfurt is located. Inside the fortress rock there is a legendary cave, the fortress cave of Dietfurt. Scientific excavations in the cave revealed spectacular findings from the Pleistocene period, the Mesolithic period, Roman times, the Middle Ages and the modern age. One special finding is a large earthenware plate with concentric circular decorations, dating from the late Bronze Age (1300–800 B.C.) and probably used for cult purposes. The Dietfurter Mühle (Dietfurt Mill) enriches the small village as a popular inn and well-frequented tourist café.

Dietfurt fait partie de la commune d'Inzigkofen. Au centre du village se dresse, non loin du pont sur le Danube, la ruine du château fort de Dietfurt. A l'intérieur du rocher sur lequel se trouve le château, il y a une grotte riche en légendes, la grotte du château de Dietfurt. Des fouilles scientifiques dans la grotte ont révélé la présence de vestiges spectaculaires de l'époque pléistocène, mésolithique, romaine, du Moyen Age et des temps modernes. Une pièce singulière découverte sur le site est une grande dalle de terre cuite datant de l'époque du bronze (1300–800 avant J.C.), utilisée sans doute à des fins religieuses, ornée de cercles concentriques. Avec le moulin de Dietfurt, ce petit village dispose d'une auberge-restaurant appréciée des touristes.

Ausflugslokal und Mühle Dietfurt /// Tourist café and mill in Dietfurt /// Restaurant touristique et moulin à Dietfurt

1, 2 Burgruine Dietfurt;
3 Ölgemälde ›Donau bei Dietfurth‹ des Künstlers Hans Bucher

1, 2 Ruin of the fortress at Dietfurt;
3 oil painting 'The Danube at Dietfurth' by the artist Hans Bucher

1,2 Ruine du château de Dietfurt;
3 tableau « Le Danube à Dietfurth » de l'artiste Hans Bucher

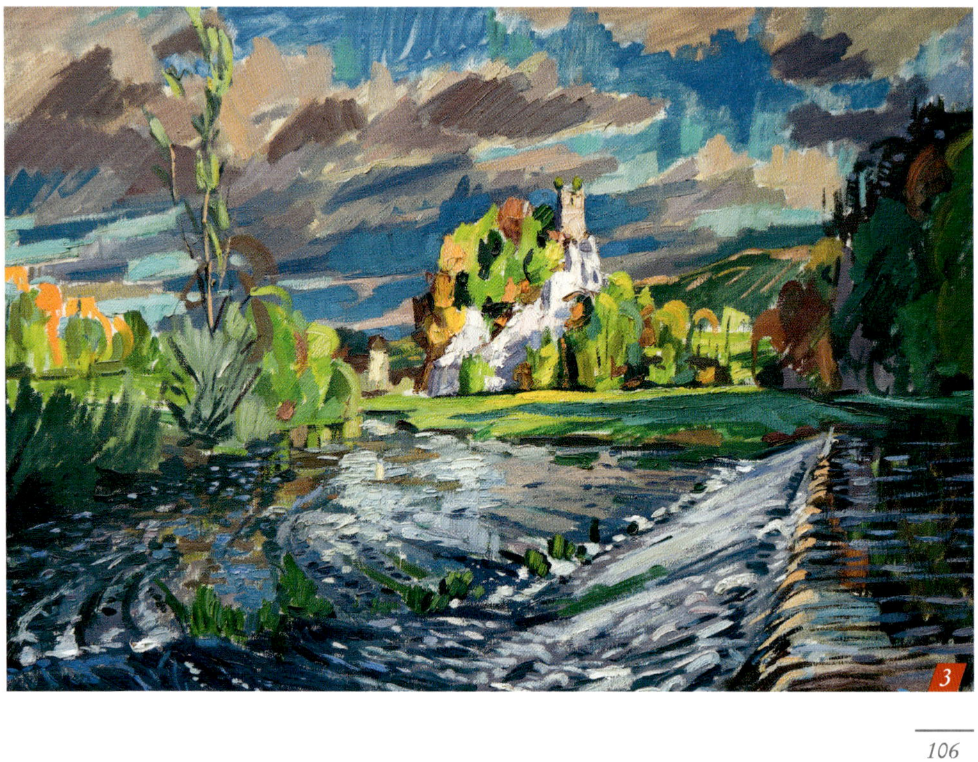

Thiergarten

Der Name des Dorfes Thiergarten geht auf einen Tiergarten zurück, den Graf Wilhelm von Zimmern im Jahr 1575 nahe seiner Burg Falkenstein anlegte. Zu Füßen der Ruine Falkenstein, zwischen 1977 und 1989 aufwändig saniert durch die ›Aktion Ruinenschutz Oberes Donautal‹, liegt das beliebte Ausflugslokal Neumühle. Beim Gutshof Käppeler Hof steht mit der St.-Georg-Basilika die kleinste dreischiffige Basilika nördlich der Alpen.

Von Thiergarten ausgehend, über eine kurvenreiche Straße direkt erreichbar, liegt auf 768 Metern Höhe Stetten am kalten Markt. Der Sage nach soll in früher Zeit im Juni eine Geiß auf dem Marktplatz erfroren und so der Ortsname entstanden sein. Stetten a.k.M. ist auch durch seinen Truppenübungsplatz bekannt, der noch bis vor wenigen Jahren von französischen Truppen mitgenutzt wurde.

The name of the village of Thiergarten (Animal Park) dates back to a zoo which Count William of Zimmern established near his Fortress of Falkenstein (Falcons' Stone) in the year 1575. At the foot of the ruin of Falkenstein, which was renovated thoroughly between 1977 and 1989 by the 'Campaign for the Protection of Ruins in the Upper Danube Valley', the popular tourist café Neumühle (New Mill) can be found. The Basilica of St George, situated near the Gutshof Käppeler (Käppeler estate), is the smallest basilica north of the Alps which has three naves.

Starting in Thiergarten and following a road with many bends you can reach Stetten am kalten Markt (Stetten on the cold market) which lies at an altitude of 768 metres. The legend goes that, in former times, a goat froze to death on the market square in June and that incident gave the town its name. Stetten is further famous for its military training area which was also used by French troops up to a few years ago.

Le village de Thiergarten doit son nom à un jardin zoologique qu'avait aménagé le comte Wilhelm von Zimmern en 1575 près de son château de Falkenstein. Aux pieds de la ruine de Falkenstein, restaurée entre 1977 et 1989, se trouve le restaurant touristique «Neumühle». Près de la ferme domaniale «Käppeler Hof» se dresse avec la basilique Saint-George la plus petite basilique à trois nefs qu'on puisse trouver au nord des Alpes.

En partant de Thiergarten, directement accessible par une route sinueuse, se trouve, à 768 m d'altitude, Stetten am kalten Markt. D'après la légende, une chèvre serait morte de froid sur la place du marché, ce qui serait à l'origine du nom du lieu. Stetten a.k.M. est aussi connu pour son terrain d'exercice militaire qui, il y a quelques années encore, était utilisé par les troupes françaises.

1 *St. Georgskapelle beim Gutshof Keppeler in Thiergarten;*
2 *Ruine Falkenstein*

1 *St George's Chapel near the Käppeler estate in Thiergarten;*
2 *ruin of Falkenstein (falcons' stone)*

1 *Chapelle St Georg près de la ferme domaniale Keppeler à Thiergarten;*
2 *ruine Falkenstein (pierre du faucon)*

Ausflugslokal Neumühle unterhalb der Ruine Falkenstein

Neumühle (new mill) tourist café beneath the ruin of Falkenstein

Restaurant touristique Neumühle (nouveau moulin) au-dessous de la ruine de Falkenstein

Der Ort Hausen im Tal gehört zur Gemeinde Beuron und bietet neben seiner einmaligen Lage einen viel besuchten Campingplatz, der über die alte steinerne Donaubrücke, St. Nepomuk geweiht, erreicht werden kann. Das Schloss Hausen entstand im 11. Jahrhundert als Burg, wurde 1813 teilweise abgetragen und 2007 saniert. Die Hausener Wände bieten einen imposanten Anblick und sind ein beliebtes Ausflugsziel für Klettersportler.

Auf einem Felssporn im Oberen Donautal, zwischen den Orten Hausen im Tal und Beuron gelegen, steht Schloss Werenwag, das um 1100 als Burg errichtet und dem Minnesänger Hugo von Werenwag zum Wirkungsort wurde. Das Schloss befindet sich heute in Privatbesitz.

Einige Kilometer weiter donauaufwärts Richtung Beuron thront die Burg Wildenstein auf einem Felsen. Sie entstand wahrscheinlich im 14. Jahrhundert und wurde im 16. Jahrhundert umgebaut. Beeindruckend ist ein etwa 20 Meter breiter Graben, der von einer mächtigen Zugbrücke überspannt wird. Die im Innern mit großflächigen Renaissancemalereien geschmückte Burg dient heute als Jugendherberge. Von 1546 bis 1566 wurde auf der Burg die berühmte Chronik der Herren von Zimmern geschrieben, ein einmaliges Dokument mittelalterlichen Lebens.

The village of Hausen im Tal (Hausen in the Valley) belongs to the municipality of Beuron and, in addition to its unique position, offers visitors a well-frequented camping-site which can be reached by the old stone bridge over the Danube dedicated to St Nepomuk. The Castle of Hausen originated in the 11th century as a fortress, was partly taken down in 1813 and restored in 2007. The climbing rocks in Hausen are an imposing sight and are a popular venue for climbers.

On a ledge in the Upper Danube Valley between Hausen im Tal and Beuron stands Werenwag Castle, which was built as a fortress around 1100 and became the domain of the minnesinger Hugo von Werenwag. The castle is now in private ownership.

A few kilometres further downstream towards Beuron, in solitary splendour on a rock, stands the Fortress of Wildenstein. It probably originated in the 14th century and was altered in the 16th century. The moat, which is about 20 metres wide and spanned by a massive drawbridge, is most impressive. The fortress, decorated inside with large Renaissance paintings, now serves as a youth hostel. Between 1546 and 1566 the famous Chronicle of the Masters of Zimmern, a unique document about life in the Middle Ages, was written in the fortress.

Le village de Hausen im Tal fait partie de la commune de Beuron. En plus de sa situation privilégiée, il dispose d'un terrain de camping très fréquenté auquel on peut parvenir en traversant le pont de pierre sur le Danube dédié à Saint- Jean de Népomucène (Nepomukbrücke). Le château de Hausen, au XIème siècle d'abord un château fort, fut démoli en grande partie en 1813 et restauré en 2007. Les falaises de Hausen offrent un spectacle impressionnant et sont très appréciées des amateurs d'escalade.

Sur un éperon rocheux dans la vallée supérieure du Danube, entre les villages de Hausen im Tal et Beuron, se dresse le château de Werenwag qui fut construit vers 1100 comme château fort et dans lequel le minnesinger Hugo von Werenwag exerça son art. Le château appartient aujourd'hui à un particulier.

Hausen im Tal

Quelques kilomètres plus loin, en remontant le Danube en direction de Beuron, s'élève, imposant sur son rocher, le château de Wildenstein. Il fut construit probablement au XIVème siècle et remanié au XVIème siècle. Le fossé large d'environ 20 mètres qu'enjambe un pont-levis est aussi très impressionnant. Le château, décoré à l'intérieur de peintures de la Renaissance sert aujourd'hui d'auberge de jeunesse. C'est dans ce château que fut écrite de 1546 à 1566 la célèbre chronique de Zimmern, un document unique sur la vie moyennageuse.

1 Schloss Werenwag;
2 Donauhaus unterhalb des Eichfelsens;
3 Ruine Schloss Hausen

1 Castle of Werenwag;
2 Danube House beneath the Eichfelsen (oak rock);
3 ruin of the Castle of Hausen

1 Château Werenwag;
2 Donauhaus au-dessous de Eichfelsen (falaise du chêne);
3 ruine du château de Hausen

Burg Wildenstein /// *Fortress of Wildenstein* /// *Château de Wildenstein*

Burg Wildenstein /// Fortress of Wildenstein /// Château de Wildenstein

Beuron

Der Ort Beuron ist prominent vor allem durch seine Benediktiner-Erzabtei, welche 1077 als Augustinerchorherrenstift gegründet und nach der Säkularisation 1863 vom Benediktinerorden übernommen wurde. Die Erzabtei besitzt mit mehr als 400.000 Werken die größte Klosterbibliothek Deutschlands. Die Abteikirche St. Martin und St. Maria wurde 1734 bis 1738 im barocken Vorarlberger Stil erbaut. Ihre Deckenfresken stammen von Joseph Ignaz Wegscheider und sind sein bedeutendstes Werk. In der Abteikirche finden sich zudem zahlreiche Zeugnisse der Beuroner Kunstschule, 1868 entwickelt durch Pater Desiderius Lenz. Auch in der näheren Umgebung, so in der Kapelle St. Maurus, ist der Einfluss der Beuroner Kunstschule wiederzuentdecken. In der Jägerhaushöhle nahe Beuron konnten wie in zahlreichen anderen Höhlen des Oberen Donautals bedeutende Funde aus der Mittelsteinzeit gesichert werden. Der Knopfmacherfelsen, zwischen Beuron und Fridingen a. D. gelegen, bietet eine besondere Aussicht auf Beuron und das Donautal.

The village of Beuron is prominent because of its Benedictine Archiepiscopal Abbey, founded in 1077 as an Augustinian monastery and later taken over by the Benedictine order in 1863 after the secularization. The abbey houses the largest monastery library in Germany with more than 400,000 works of literature. The Abbey of St Martin and St Maria was constructed between 1734 and 1738 in the baroque style of the Vorarlberg (region in Austria). The ceiling frescoes originate from Joseph Ignaz Wegscheider and are his most important works. In the abbey many examples of the School of Art in Beuron, developed in 1868 by Father Desiderius Lenz, can also be appreciated. In the vicinity, for example in the St Maurus Chapel, you can discover the influence of the Beuron School of Art, too. In the Jägerhaushöhle (Hunting House Cave), as in numerous other caves in the Upper Danube Valley, important findings from the Mesolithic period could be salvaged. The Knopfmacherfelsen (Button Makers' Rock), situated between Beuron and Fridingen on the Danube, provides the visitor with a special view over Beuron and the Valley of the Danube.

Le village de Beuron est surtout connu pour son abbaye-mère bénédictine, fondée en 1077 en tant que monastère de chanoines de Saint-Augustin, repris après la sécularisation, en 1863, par l'ordre des Bénédictins. L'abbaye possède avec plus de 400.000 ouvrages la plus grande bibliothèque monastique d'Allemagne. L'église abbatiale St Martin et St Maria a été construite de 1734 à 1738 dans le style baroque typique de la région du Vorarlberg. Ses fresques du plafond sont dues à Joseph Ignaz Wegschneider et sont son œuvre la plus importante. De plus, dans l'église abbatiale se trouvent de nombreux témoignages de l'Ecole d'art de Beuron, fondée par le Pater Desiderius Lenz en 1868. On peut reconnaître aussi non loin de là, par exemple dans la chapelle St Maurus, l'influence de cette école. Dans la «Jägerhaushöhle», une grotte près de Beuron, comme dans de nombreuses autres grottes de la vallée supérieure du Danube, d'importants vestiges du mésolithique ont été trouvés. Le «Knopfmacherfelsen», situé entre Beuron et Fridingen a. D. offre une vue splendide sur Beuron et la vallée du Danube.

Benediktinerkloster /// *Benedictine monastery* /// *Monastère bénédictin*

Messe in der Klosterkirche St. Martin /// *Mass in the Abbey of St Martin* /// *Messe dans l'église abbatiale St Martin*

Kapelle St. Maurus /// *Chapel of St Maurus* /// *Chapelle St Maurus*

Literaturverzeichnis /// Bibliography /// Bibliographie

Buck, Dieter: Das große Buch der Oberen Donau. 2003.

Fieselmann, Rainer: Südwestalb. 2007.

Frick, Walther: Bevor alles vergessen ist. 1986.

Gaerte, Dirk (Hg.): Der Dreiländerkreis Sigmaringen. Ein Führer zu Natur, Wirtschaft, Geschichte und Kultur. 2007.

Hild, Nikola; Hild, Katharina: Schloss Sigmaringen. 2008.

Kallenberg, Fritz (Hg.): Hohenzollern. 1996.

Kaufhold, Walter; Seigel, Rudolf: Schloss Sigmaringen. 1979.

Kempf, Peter: Hedinger Kirche Sigmaringen. 2011.

Kuhn, Werner (Hg.): Sigmaringen. Ein historischer Führer. 2003.

Kuhn-Rehfus, Maren; Kuhn, Werner: Sigmaringen in alten Ansichten. 1995.

Massenbach, Louis Ferdinand v.: Die Hohenzollern einst und jetzt. 2012.

Platte, Hartmut: Das Fürstliche Haus Hohenzollern-Sigmaringen. 2011.

Richter, Gregor et al: Der Landkreis Sigmaringen. 1981.

Rößler, Wilhelm: Naturpark Obere Donau. 1984.

STADT MESSKIRCH (HRSG.)

Meßkirch – Ein Spaziergang durch den badischen Geniewinkel

72 Seiten, Hardcover, ISBN 978-3-8392-1168-7

Der Bildband mit 100 Farbabbildungen und begleitenden Texten in vier Sprachen bietet ein kleines Porträt der zwischen oberem Donautal und Bodensee gelegenen südbadischen Stadt Meßkirch, die vor allem als badischer Geniewinkel Bekanntheit erlangt hat. Der Herkunftsort von Martin Heidegger, Conradin Kreutzer, Abraham a Sancta Clara, Conrad Gröber oder Arnold Stadler besitzt darüber hinaus eine bemerkenswerte Geschichte als einstige Residenzstadt der Grafen von Zimmern und Fürsten zu Fürstenberg, ein von Renaissance und Barock geprägtes Stadtbild mit bedeutenden Bau- und Kunstdenkmälern sowie – zusammen mit seinen dörflichen Ortsteilen – noch immer den ländlichen Charme der oberschwäbischen Kulturlandschaft.

KAREN KÜHL / ANETTE HÄHNEL

Das Fürstliche Haus Hohenzollern – Private Einblicke in die Fotoalben

160 Seiten, Hardcover, ISBN 978-3-8392-1222-6

Hoheit gewährt Einblicke. Schon seit dem 17. Jahrhundert sind die Fürsten von Hohenzollern bestrebt, alles Außergewöhnliche und Neue, das in ihrer Zeit wichtig erschien und deshalb Interesse weckte, für die Nachwelt zu erhalten. Zeugnis davon sind die eindrucksvollen Sammlungen des Fürstenhauses, zu denen auch einzigartige Fotografien zählen. Die kulturelle Weltoffenheit Karl Antons von Hohenzollern hatte ihn nach der Erfindung der Fotografie Mitte des 19. Jahrhunderts rasch den hohen Stellenwert dieses neuen Mediums erkennen lassen: zum einen als höchst detailliertes und akkurates Mittel zur Dokumentation seiner umfangreichen Sammlungen – zum anderen als Sammelobjekt selbst.

Die fürstliche Fotografiesammlung umfasst heute mehrere tausend Bilder aus dem 19., 20. und 21. Jahrhundert in Papier-, Karton- und Glasplattenform. Der vorliegende zweisprachige Band bietet einen repräsentativen Einblick in den weitläufigen Bestand an Porträt-, Gruppen- und Ereignisfotografien, an offiziellen und persönlichen Aufnahmen der Hohenzollern. Fast alle der 120 Fotografien sind bislang unveröffentlicht. Die Fotos sind reich mit Erläuterungstexten und Zitaten versehen, die zum Teil aus unpubliziertem Archivmaterial stammen.

ARMIN HEIM / STEFAN BORCHARDT

Hans Bucher (1929 – 2002) – Der Maler des Donautals

168 Seiten, Hardcover, ISBN 978-3-8392-1369-8

Hans Bucher ist erst in seinen späten Jahren einem größeren Publikum als der Maler des Donautals bekannt geworden. Lange hielt er sich als Künstler fern vom offiziellen Kunstbetrieb, er mied die Öffentlichkeit und präsentierte seine Arbeiten nur ungern in Ausstellungen. So entstand sein beeindruckendes künstlerisches Lebenswerk gleichsam im Verborgenen, zunächst nur für sich selbst. Als Schüler der Bernsteinschule und Student an den Kunstakademien in Stuttgart und München war Hans Bucher in den Fünfzigerjahren mit den Tendenzen und Stilentwicklungen der Nachkriegszeit eng vertraut geworden. Aber seine eigene künstlerische Identität formte sich in der Abkehr vom Akademiebetrieb und aus der Distanz zur zeitgenössischen abstrakten Kunst. In seinem Heimatort Fridingen a. D. verwirklichte Bucher das Neben- und Miteinander von Kunst und Handwerk, wie er es schon in Bernstein als Ideal kennengelernt hatte; hier pflegte er ungestört seine Liebe zur Landschaftsmalerei, jener vielfach totgesagten Kunstgattung, der er als einer der letzten im ausgehenden 20. Jahrhundert noch einmal zu überzeugender Kraft verhalf.